【文庫クセジュ】

アレクサンドロス大王

ピエール・ブリアン著
田村孝訳

Que sais-je?

白水社

目次

凡例

- 本書は Pierre BRIANT, *Alexandre le Grand*, quatrième édition corrigée, 1994 の全訳である。
- 訳文上必要と思われる訳者による補いは〔 〕で記した。
- 原注は（1）、（2）のように記して巻末にまとめた。
- 訳注はできるかぎり少なくしたが、どうしても必要な場合は原注と同じ方法で示し、文末に〔訳注〕と明記した。
- 地名・人名など固有名詞はできるだけギリシア・ラテン語表記を心掛けたが、これとは異なる表記法が一般化している場合はその限りではない。例：アテナイ→アテネ、インドス川→インダス川、ガンゲス川→ガンジス川
- ph の音はパ行音ではなく、ファ行音で表記した。例：ピリッポス→フィリッポス、ヘパイスティオン→ヘファイスティオン、ヒュパシス川→ヒュファシス川

はじめに

本書は伝記ではない。アレクサンドロス大王の人間性がどれほどよく知られていて重要であるとしても、この本の目的は、アレクサンドロスの人となりだけに還元することのできない歴史的事件のさまざまな側面を明らかにすることにある。そこで、本書では、熟慮の末に次のような構成をとっている。いわゆる征服に関する物語は巻頭の短い章にまとめられており、読者は征服の重大な段階を年代順に知ることができるようになっている。それ以降のテーマ別に議論を展開した部分では、ごく自然に読者が抱くはずの大きな疑問について解明がなされている。すなわち、征服の起源やアレクサンドロスの目的、抵抗の性質やその重要性、征服地の編成、征服者と被征服者との関係といったことについて、である。

第四版のための覚書　他の人文・社会科学系の学問と同じように、古代史学も、万古不易の確定性で固められているのではない。新たな史料（とりわけ碑文と考古学史料）が発見されているし、とくに新しい方法や問題の立て方が、一見したところしっかりと確立したように思われる結論や解釈をくつがえす可能性もある。アレクサンドロスの歴史も――毎年感銘もあらたな文献によって補充され、重みを増して――再調査の対象たることを免れえないのである。第三版の刊行以来、アレクサンドロスに関する総合的な著作がボズワースによって書かれた（『征服と帝国――アレクサンドロス大王の治世』

A.B.Bosworth, *Conquest and Empire. The Reign of Alexander the Great*, Cambridge, 1988）。現在でも新たな史料（楔形文字）が刊行されており、とくにこれらによって、ガウガメラの戦いやアレクサンドロスのバビロン入城と同じような重要性をもつ事件も明らかにされている（P.Bernard, *Bulletin de Correspondance Hellénique*, 114, 1990, p.513-528）。広い範囲にわたって再調査がなされるにつれて、アレクサンドロスの征服に関する新しい見方にとって、必要な前提条件であるアケメネス朝ペルシア帝国の歴史も、かつて知られていたよりも詳しく書き換えがされたのである。アレクサンドロスの征服は前一千年紀の中東の歴史の流れのなかに位置づけられなければならないし、また、たいそう長きにわたって支配的であったギリシア中心史観から解放されなければならない。ここ何年かのあいだに、アケメネス朝時代を取り扱った著作がたくさん書かれている。これらは前四世紀という時代の西アジア情勢に関して歴史家の見解をすっかり変えてしまったが、アレクサンドロスの征服についても同様である。とくに注目すべきは、ダンダマエフ／リュコーニン著『古代イランの文化と社会制度』(M.A.Dandamaev, V.G.Lukonin, *The Culture and Social Institutions of Ancient Iran*, Cambridge, 1989)、ダンダマエフ著『アケメネス朝帝国の政治史』(M.A.Dandamaev, *A Political History of the Achaemenid Empire*, Leiden, 1989)であり、ヘレエン＝サンキシ＝ヴェエルデンブルグとアメリー＝クールトの編集で刊行された叢書『アケメネス朝の歴史』第一〜八巻（*Achaemenid History*, I-VIII, Leiden, 1987-1993）である。筆者自身も、この問題について小著をあらわし（*Darius, l'Empire et les Perse*, Paris, 1992）、まもなく総合的な著作を出す予定である〔すでに総頁数にして一二四七頁を数える大著、P・ブリアン著『ペルシア帝国の歴史――キュロスからアレクサンドロスまで』(P.Briant, *Histoire de l'Empire perse - De Cyrus à Alexandre*) がパリの出版社ファイヤールから一九九六年に出されている〕。その書物の最終章（第一八章）では、ダレイオスの戦術とペルシアの敗北理由との分析がなされている。こうした新しい研究のために古くなってしまった第三版にくらべると、本書では大幅な訂正と書き換えとがほどこされている。

序章　アジアに乗り出すまでのアレクサンドロス

アレクサンドロスは、マケドニア王国の都ペッラで、前三五六年七月に生まれた。母はモロッソイ人の王の娘オリュンピアス、父はマケドニア王フィリッポス二世である。この父王は前三五九年にペルディッカス三世が死んで以来、国王の座にあった。アレクサンドロスが心理的に受け継いだものに関しては多くのことが書かれている。だが、彼の性格が両親のおかげであると、誰が言いうるであろうか。彼を最初に教育したのはオリュンピアスと親戚関係にあったレオニダスであった。彼は家庭教師の一群を統率していた。しかし、レオニダスの方法は威圧的で、期待されたような成功を収めなかった。そこで、フィリッポスはアリストテレスを招聘したのである。アリストテレスは、小アジアのアタルネウスの僭主ヘルミアスのところに滞在したあと、レスボス島のミテュレネで学校を開いていた。彼は前三四三〜前三四〇年までの三年間、ミエザで、アレクサンドロスや同年齢の仲間たちの教師を務めた。残念ながら、アリストテレスがアレクサンドロスにおよぼした影響を確定するのは困難である。しかしながら、現代の多くの著作家は、その影響を過大視しがちである。Ul・ヴィルケンが強調したように、おそらく、アリストテレスはアレクサンドロスにギリシア文化と密接な関わりをもたせたであろう。マケドニアの宮廷は、すでに何世代にもわたって、ギリシア人芸術家に門戸を開いていたことも忘れてはならない。アレクサンドロスはギリシア文学の偉大な記念碑的著作、とりわけホメロスの叙事詩『イーリアス』に夢中になり、アジアにもその一揃いを持参したほどであった。

アレクサンドロスはたいそう早くから父王の権力と責任とに関わりをもつことになった。前三四〇年、フィリッポスはビザンチン遠征に出発する際、十六歳だったアレクサンドロスに経験豊かな助言者をつけて、王国の指導を任せた。この若い王子は、機会を得て、好戦的なトラキア人に対する軍事遠征を単独で率いたり、アレクサンドロポリスという軍事植民市を設置したのである。マケドニア人とギリシア人とが戦ったあの有名なカイロネイアの戦い（前三三八年）では、彼は左翼（攻撃翼）の騎兵隊を指揮した。戦闘ののち、彼は、アンティパトロスとともにアテネへの使者として派遣されたが、これは戦場で討たれたアテネ人の遺骨灰を返還するためであった。

しかしながら、フィリッポスとアレクサンドロスとの良好な関係はやがて決裂した。それは前三三七年、フィリッポスがオリュンピアスと離婚して、マケドニアの貴族の娘クレオパトラと結婚した時であった。アレクサンドロスは、母親オリュンピアスとともにエペイロスに逃れた。二人の和解は、コリントスのデマラトスの仲介によって、比較的早くなされた。もうひとつの不和はそれほど深刻ではなかったが、フィリッポスがアレクサンドロスの異母兄弟アッリダイオスを小アジアのカリア地方の小君主の娘婿にしようとしたときに、父子の仲が決裂したのである。アレクサンドロスは不安をおぼえ、小君主の周辺にひそかに陰謀をこらした。この事件は、ネアルコス、ハルパロス、プトレマイオスら、アレク

サンドロスの何人かの親友たちを悪意に満ちた追放刑に処して決着した。(1)

前三三六年の夏、古都アイガイで、この時すでに和解していたフィリッポスとオリュンピアスのあいだに生まれた娘クレオパトラと、モロッソイ人の王子アレクサンドロス〔オリュンピアスの弟〕との結婚式がとり行なわれた。この機会を利用して、パウサニアスというマケドニア人の貴族が、劇場のまっただなかでフィリッポスを刺殺したのであった。パウサニアスは単独で行動したのか、あるいはオリュンピアスの指図があったのか、アケメネス朝や、さらにはアレクサンドロスの教唆によって行動したのか、という問題については、古代から現代まで多くの議論が重ねられている。アレクサンドロスに罪があるとする説も繰り返し唱えられている。だが、明らかにしておかなければならないことは、いかなる史料もいかなる推論も、決定的な証拠を提供するまでにいたっていないということである。とくに、アレクサンドロスがこれで利益を得るとは思えないことである。フィリッポスのすべての行動は、アレクサンドロスを後継者にするつもりだったことを示してはいないだろうか。すなわち、ディオドロスやアリストテレスら、古代の多くの作家によって言われているように、パウサニアスの個人的動機によるという説が最も根拠がありそうに思われる。(2)

王位に就くと、アレクサンドロスは、父王の路線を続けるという意思を公にし、ただちにヨーロッパ諸国の平穏と安定を確実にするための準備を始めた。フィリッポスが死んだことと新王が若輩であるために、マケドニアの貴族たちや王国の辺境地帯の蛮族、ギリシア人諸都市、さらにはアケメネス朝の宮廷までもが大きな期待を抱くようになっていた。アレクサンドロスは、これらの敵どもを屈服させるよら、次々と手を打った。まず手初めに、マケドニアの貴族に流血の粛清を行なった。すなわち、フィリッポスの殺害者たるパウサニアスを処刑し、王位をねらう者たちを、本当にねらっている者も、ただその疑いがあるというだけの者も、消してしまった。他の貴族たちはアジアへと逃げ出し、ペルシア大王に仕えることとなった。次いでアレクサンドロスはギリシアへと下り、とくにアテネで反抗者を黙らせ、コリントスで前三三八年の和約を更新させて、対ペルシア戦役の指揮官という称号をみずから名乗った。つまり、第三段階として、ドナウ川流域とバルカン北部地方に遠征し（前三三五年春）、ケルト人を征服した[3]。つまり、アレクサンドロスは背後を固めておきたかったのである。〔イリュリアで〕アレクサンドロスが死んだというニュースにつけこんでギリシアが反乱を起こそうとすると、イリュリア遠征をきりあげてわずか十三日後にギリシアへと姿を現わした。テーベは降伏するのを拒んだので、アレクサンドロスはここに攻撃をかけ、コリントスに集まったギリシア人たち〔コリントス同盟会議〕に、打ち破られた都市の運命を決定するように任せた。その決議によってテーベは徹底的に破壊された。これは恐ろしい例であった。テーベをこっそりと支援していたアテネに関しては、もっと寛大であった。反マケドニア派の雄弁家のうちでは、ただ一人カリデモスが追放されただけであった。彼はペルシア大王の宮廷に逃げ込んだ。これ以後、すべての用意が整った。フィリッポスの死は、アジアへの大遠征の出発を何か月か遅らせただけであった。

第一章　征服の諸段階（前三三四〜前三二三年）[1]

I　グラニコス川の戦いからテュロス陥落まで（前三三四年五月〜前三三二年夏）

戦争の初めの二年間で、アレクサンドロスはペルシア人と二度の会戦を繰り広げている。グラニコス河畔の戦い（前三三四年五月）と小アジアの出口にあるキリキア地方のイッソスの戦い（前三三三年十一月）である。いずれの場合も勝利はマケドニア方に帰したが、どちらも決定的な勝利というわけではない。ペルシア人は、きわめて危険な反撃を加えるのに二度も成功している。すなわち、一度はグラニコスの戦いのあと小アジアの沿岸地帯で、もう一度はイッソスの戦いのあと小アジアの内陸部で。これと並行して、アレクサンドロスは、ミレトスで艦隊を解散することを決定してから（前三三四年夏）、沿岸部の征服に乗り出している。彼は長いあいだ（前三三二年一月〜夏まで）フェニキアの都市テュロスの抵抗にぶつかっている。前三三二年の夏が遠征の転換点である。アレクサンドロスは、初めて後方を固めることができたのである。前三三三年以降、再編成されたマケドニアの艦隊は、アケメネス朝の艦隊に対して再び優勢となる。同じ頃、ダレイオスは、ひきつづきバビロニアで自軍を精力的に整えている。

ペルシア人が海上での優勢を活用しないうちに、マケドニア軍は前三三四年の春に上陸した（五九〜六〇頁）。小アジアの総督《サトラップ》たちは、まことにおかしなことに、グラニコス川の岸辺に兵士たちを並べていた。彼らは、アレクサンドロスによって混乱におとしいれられ、敗れ去った（前三三四年五月）。この勝利のおかげで、彼は小アジアの南部へと進むことができた。その途上、彼はギリシア人諸都市を解放したり、刃向かった都市をこらしめ、ペルシア人と同盟を組んだ僭主を追い出した（四二〜四四および八五〜八八頁）。アケメネス朝の支配の拠点であったサルディスは簡単に降伏した。これに反して、オロントバテスによって要塞化され、〔ロドス人傭兵隊長〕メムノンによってさらに防備をほどこされたハリカルナッソスは、アレクサンドロスに対して手ごわい反撃を加えた。彼は、この都市を無条件降伏に追い込まないうちに出発しなければならなかった（前三三四年夏の終わり）。アレクサンドロスは、アケメネス朝の艦隊がすぐれているので、ミレトスで艦隊を解散し（前三三四年夏）（四〇頁）、陸上で戦う決意をした（五三〜五六頁）。前三三四年秋、ハリカルナッソスから、つらい冬の遠征に出発した（前三三四／三年）[2]。この遠征では、アスペンドスをはじめ多くの都市の抵抗を受けたが（四三頁）、リュキアとパンフュリアの沿岸を奪取することができた。リュキア＝パンフュリアという新しい総督管区は、友人のネアルコスに委ねられた。こののち、アレクサンドロスは、ピシディアと大フリュギアとを通過して、小アジアの中心部にふたたび上っていった。将来ダレイオスが勝利すると確信していたケライナイの守備隊は、無条件開城を拒絶した。隻眼のアンティゴノスが大フリュギアの総督に任命された。

アレクサンドロスは、ゴルディオンに何か月か滞在した（前三三三年春）。この休息が長引いているあいだに、沿岸地方を取り戻せというダレイオスの命令を受けて、メムノンは小アジアの沿岸でたいそう危険な反撃に出た。彼は、前三三三年夏（七〜八月）、レスボス島のミテュレネの城壁の下で戦死した。アレクサンドロスは、ギリシアとマケドニアからの増援部隊を迎え入れた。

ゴルディオンには、いにしえのゴルディオス王の荷車があり、ある神託によると、轅《ながえ》と軛《くびき》とをつないでいる結び目をほどいた者が、アジアを支配することができると約束されていた。アレクサンドロスは、剣で一撃を加えて、この結び目を断ち切った。だが、このエピソードは、G・ラデなどの学者がアレクサンドロスの野心の起源がここにあると重要視しているほどの事件ではない。

前三三三年の五〜六月ごろ、アレクサンドロスは、カッパドキア西部に名目上の総督管区《サトラピ》を設け（八三頁）、この地を抜けて、キリキアへと向かった。そして、ペルシア人が事実上なんら防御体制を敷いていなかったに等しいキリキア門を通過した。ついで、キリキアの首都タルソスを奪取した（ここで貨幣を発行、一〇四頁）。キュドノス川でひと泳ぎしたのち、アレクサンドロスは重い病にかかって倒れた。まさにこのとき、アレクサンドロスの状況は、スパルタ王アギス三世がペルシア人の提督たちと合流しようとしていただけに、いっそう危険であった（六三〜六五頁）。この期間中に、ダレイオスは大軍を集めていた。しかしマケドニア軍をふたつに断ち切ろうとした彼の計画は失敗する（五九頁）。イッソスでの対決はダレイオスに利あらず（前三三三年十一月）、彼は逃亡する。この勝利のおかげで、アレクサンドロスは、大王の母や妻、息子、娘といった人びとを戦闘後のダマスクスでとらえ、人質とすることができた。ダマスクスでは宝物を手に入れて、自分の金庫を満たすこともできた。ついにフェニキアへと進み、ペルシア人を海上で支援しているすべてのフェニキア勢をペルシア人から切り離すために、この地を占領しようとした。さまざまな理由から、大部分のフェニキアの都市（アラドス、ビュブロス、トリポリス、シドン）はなんの抵抗もせず、自分たちの伝統的な国制を守った（八四頁）。

古代の著作家によると、アレクサンドロスはこの時、息子や王女たちを買い戻すことを提案したダレイオスからの書簡を受け取っている。とはいえこのような申し出は、ペルシア大王が意気消沈してしまったことを意味するものではない（六二頁）。

アレクサンドロスは、前三三三年の終わりに、テュロスの目前にまで到達した。アレクサンドロスに都市内を通過させまいとするテュロスの人びととの交渉が始められた。結果的に、王は、ここに包囲攻撃をかけることにした（前三三二年一月）。この都市は島でもあるし、海軍も強いので、包囲攻撃をされても大丈夫だとテュロス人はうぬぼれていた。

イッソスの戦いののち、〔小アジア東部の〕カッパドキアとパフラゴニアとで再編成されたペルシア軍が大フリュギアに向かって前三三二年に攻勢に出てきただけに、いっそう危険は大きくなっている。アレクサンドロスにとって幸いなことに、総督アンティゴノスは、ペルシアの反撃を首尾よく打ち破った（五七〜五八頁）。前三三二年の春の初めに、アレクサンドロスはまず露払いとなる勝利を得た。これはフェニキア人とキュプロス人の艦隊がペルシア艦隊から離れて彼の指揮下に入ったためであった。テュロスはその何週間かのちに陥落し[3]、アレクサンドロスはミレトスで決意した計画、すなわち優勢なペルシアの海上兵力を陸上から打ち破るという計画を、この日に現実に果たしたのである。

テュロス攻囲の末期（もしくは陥落直前）ごろに、この時バビロンに滞在していたダレイオスの新たな使節が到着し、古代の著作家によれば、アレクサンドロスに《ハリュス川までのアジア》に関して統治を任せる用意があると告げたという。大王の申し出の内容は、マケドニアの宣伝によって捏造された可能性が高い。それはこのとき以後、アケメネス朝が王国の広大な部分をアレクサンドロスにゆだねてもかまわないから、なによりも和平を望んでいたのだという考えを植えつけるためであった。しかし、そんなはずはない（六二頁）。

Ⅱ　テュロスからテュロスへ（前三三二年夏～前三三一年夏）

翌年、対立するこのふたりは、各々が決定的な戦いになると予想した戦闘めざして準備を続けることとなる。すなわちアレクサンドロスはエジプトを奪い、ついでテュロスまで同じルートを通って戻り、この地からユーフラテス川とティグリス川に向けて出発する。他方、ダレイオスは軍隊を整備する。この間、スパルタ王アギスは、マケドニアに対する反抗の準備を整えている。

アレクサンドロスはこの時以降、背後に憂いなく、フェニキア沿岸の征服を追求する。ガザの総督バティスは、前三三二年十一月まで、執拗な抵抗を行なう。そこで住民は、テュロスでもそうだったように虐殺されるか、奴隷にされてしまう。

同じころ、マケドニアの艦隊は、前三三三年にペルシア人に征服されたキオス、レスボスなどの島々や小アジア沿岸の都市を再征服する。前三三二年十一月に、マケドニアの提督はアレクサンドロスに報告にやって来て、連行してきた親ペルシア的な僭主たちを王に引き渡す。

ついでアレクサンドロスは、ヘファイスティオンに率いられた艦隊に伴われてエジプトに到着するが、その地の総督は、わずかに抵抗しただけで自分の総督管区をアレクサンドロスにゆだねてしまう。マケドニアによる併合は、少し前に、ダレイオスによって任命されたばかりの総督マザケスが充分な兵力をもっておらず、しかもバビロンから切り離されていたためにいっそう容易であった。それゆえ、彼は、実際にはほとんど抵抗することなく、首都メンフィスをアレクサンドロスに引き渡した。同じ時に、アレクサンドロスは、自分はファラオではないのだということを人びとに認めさせて、エジプトの神々と神殿に対して尊崇の念を公にすることができた（一一〇〜一一一頁）。エジプト滞在中（前三三二年末〜前三三一年春）、二つの重要な出来事が注目される。ひとつはアレクサンドロスがシウァのオアシスへ出かけた旅である。彼は、この地でアモン神の神託に与っている（一二四〜一二五頁）。そしてもうひとつは、彼の名を冠した最初の都市アレクサンドリアの建設である。この都市は商業でたいそう発展した。

アレクサンドロスは、エジプトの統治を整えたのち（七九頁）、前三三一年の春にこの地を出発する。彼は、テュロスまで往路と同じルートをたどり、その途中でサマリア地方の反抗を流血をもって鎮圧している。この時、いくつかの重要な決定がなされている。すなわち、グラニコスで捕虜としたアテネ人傭兵の釈放であり（四〇頁と六四頁）、その少しあとの小アジアの財政的な再組織化である（八六頁）。

小アジアとフェニキア、エジプトを征服したアレクサンドロスは、ダレイオスと対決するべく準備を整える。すなわち、軍隊を引き連れ（前三三一年夏）、ダマスクスとアレッポとを経由してユーフラテス川に向かうのである。だが、彼の出発にあたって、ひとつ不安がある。それは、スパルタ王アギス三世がますます脅威となってきたヨーロッパの情勢である。

Ⅲ　ダレイオスの最期とギリシアの最終的な降伏（前三三一年夏～前三三〇年夏）

これ以後、アレクサンドロスの目的は、ダレイオスを打ち負かし、彼の身柄を拘束することとなる。彼は、ガウガメラにおいて（前三三一年十月）計画の前半部分を果たすのに成功するが、軍隊に多大の消耗を強いた何度もの強行軍にもかかわらず、アケメネス朝を征服するまではいたらない。彼は、〔ザグロス山脈南東部の〕ペルシス地方で抵抗に出会ったのでイラン高原の諸国に対して進撃することができず、それゆえ、ダレイオスは状況挽回の希望を捨てないのである。アレクサンドロスがペルセポリス炎上ののち（前三三〇年春）イラン西部から出発したとき、ダレイオスはおもだった部下からも見捨てられ、ヒュルカニア地方で暗殺される（前三三〇年七月か？）。

アレクサンドロスのエジプト遠征のあいだ、ダレイオスは、つねに自軍の強化を図っていた。彼は大軍を集めた。そのなかには、東方の総督管区から集められた者たちが多かった。彼はティグリス川の東に軍隊を配置した。すなわち、敵軍の渡河を防ぐのは断念したのであった。戦闘はガウガメラで起こった（前三三一年十月一日）[4]。決着はなかなかつかなかったが、最終的にマケドニア方の勝利に終わった。ダレイオスは、陣営から逃げ出し、アルベラで軍議を開いたのち、メディア地方の首都エクバタナに到達した。この地で新たに軍勢を集められると思ったのである。この間に、アレクサンドロスは、主要都市バビロン、スサ、ペルセポリス（パールサ）、パサルガダイに向けて進路を取った。

しかしながら、まさに同じころ、ヨーロッパにおける状況は憂慮すべきものであった。スパルタ王アギス三世は、公然と戦争に入っていた。彼は、前三三一年十月に、メガロポリスで〔マケドニアの将軍〕アンティパトロスによって打ち負かされた。これは、アレクサンドロスのガウガメラでの勝利のほんのわずか前のことである。背後を心配したアレクサンドロスは、ギリシア諸都市に忠誠心を起こさせるのを期待して、優遇措置を増やした（六三～六五頁）。しかし、ヨーロッパ方面への憂慮は、アレクサンドロスが前三三〇年春に、ペルセポリス炎上を決断したという動機を説明できるほどには重大なものではなかった（一一二～一一七頁）。

アレクサンドロスは、進軍途上で主要な都市を占領することができた。バビロンは、軍事力をもっていたにもかかわらず、何ら抵抗をしなかった。それどころか、アケメネス朝の指導者や都市バビロンのおもだった者たちは、城壁の外まで出て征服者を迎えた。アレクサンドロスは、まもなく、バビロンの王と認められた（一一一〜一一二頁）。この地で、きわめて大きな重要性をもった決定がなされた。それは、イラン人総督の任命である（一一七頁）。同時にバビロンとスサへの入城によって、アレクサンドロスはアケメネス朝の莫大な財宝を手に入れることができた。ペルセポリスへの進軍はもっと難しかった。彼は、ウクシオイ人の抵抗を殲滅しなければならなかった。彼らはファーリウムとペルシス門とのあいだの隘路を保持している牧民である。ついで、アレクサンドロスは、この関門を守っているペルシアの軍勢を破らなければならなかった。彼は、前三三〇年の一月なかばに、ペルセポリスに到着した。取るべき方策について何か月間も迷ったあげく、ペルシア人の根強い敵意のゆえに、とうとう彼は、アケメネス朝による支配の象徴たるペルセポリスを破壊することに決定した（一一二〜一一三頁）。

前三三〇年の春、アレクサンドロスはダレイオス「追撃」を開始した。このとき、ダレイオスは東方に後退することを決めていた。エクバタナでイラン高原の総督管区に向けて進撃しようとするそのとき、アレクサンドロスは、ヨーロッパの統治が安全だと確信し、コリントス同盟のギリシア兵を解雇した。彼らは、これまでの征服行のあいだ、そもそも重要な役割を果たしていなかったからである（四〇〜四一頁）。したがって「ギリシア人の戦争」というフィクションは完全に消滅したのである。この間、ヒュルカニア地方ではダレイオスの側近たちのあいだで不和が見られるようになった。ダレイオスの権威は、けっして確固たるものではなかったのである。彼は、ナバルザネスやベッソスというおもだった部下たちに見捨てられた。一方で、〔ギリシア人の隊長〕パトローンに率いられた何千というギリシア人傭兵たちだけがダレイオスに忠実であり、彼らはアレクサンドロスの報復を恐れていた。他方では、彼に忠実なペルシア人貴族のグループもいた。そのなかでは、老アルタバゾスの姿が際立っている。とうとうベッソスとナバルザネスとがダレイオスを襲い、身柄を拘束し、殺害した（前三三〇年夏）。大急ぎで進軍したにもかかわらず、アレクサンドロスは、生きたままダレイオスを捕らえることはできなかった。だが、これ以後、彼はアケメネス朝の復讐者として戦うこととなった（一一六～一一七頁）。

Ⅳ　東方総督管区におけるゲリラ戦とマケドニア人の反抗（前三三〇年夏～前三二七年春）

かくして遠征全体のなかで、最も困難な時期のひとつ——さもなくば最も困難な時期——の幕が開く。このとき、すでに征服することに決めていたインドへと進軍する前に（四五～四六頁）、アレイア地方やドランギアナ地方、ソグディアナ地方といった東方総督管区の抵抗を殲滅しておかなければならない。同時に、彼は、マケドニア人の兵士や将校から生じる反抗とも戦わなければならない。

最初の段階では、アレクサンドロスは、ベッソスのいるバクトリアへ、コペット＝ダーとマルギアネ地方を通るホーラッサンのルート、すなわち（もっと後の時代に）昔のルートと言われたルートを通って、直接行こうとした。ベッソスに支持されたアレイアの総督サティバルザネスの起こした反乱で後方へと呼び戻されたアレクサンドロスは、あらためて、この総督管区を従え、ついで、南をまわってドランギアナとアラコシア、パラパミサダイとを次々と征服しながら（前三三〇年～前三二九年）、バクトリアを征服することを決める。(5) アレクサンドロスの攻撃でベッソスの計画は失敗し、ベッソスはアレクサンドロスに身柄を引き渡されないうちにバクトリアから逃れた（六五～六六頁）。この時から前三二七年まで、ソグディアナの領主スピタメネスと多くの小地方領主とが抵抗運動を率いることになった（六六～七〇頁）。

アケメネス王国にますます多くのことを見習うようになったアレクサンドロスは、自分の側近にペルシア人の貴族を受け入れ、いよいよ絶対君主のように行動するようになった。このことは、マケドニア人貴族の辛辣な反対を煽ることとなった。側近フィロタスの裁判と処刑や、その父パルメニオンの殺害、クレイトスの殺害、跪拝礼をめぐる事件は、王とその側近との諍いの歴史の基本的なエピソードである（一二四～一三三頁）。

他方、一般のマケドニア人兵士たちは、マケドニアへ帰国したいという自分たちの希望を公然と口にするようになった。敵対するゲリラの野蛮な性質のため、軍隊の士気は削がれたのである（七三～七七頁）。

これと同じ時期、アレクサンドロスは、さまざまな処置を講じた。これらは結果的に、長い目で見れ

アラル海
ヤクサルテス川
さいはての
アレクサンドリア
マラカンダ
オクソス川
ソグディアナ
328/7
327
327
ザリアスパ
329
バクトリア
アオルノス
カスピ海
330
ヒュルカニア
パルティア
アレクサンドリア
（ヘーラト）
ベグラム
カーブル
ハイバル峠
タクシラ
カスピア門
アレイア
330
ヒュダスペス川
330
アレクサンドリア
（カンダハル）
ドランギアナ
ヒュファシス川
アラコシア
イラン
330
330,324
ボラン
インダス川
324
パサルガダイ
クラテロスのルート
325
ペルセポリス
330,324
カルマニア
アレクサンドリア
ガドロシア
パタラ
325
アレクサンドリア
ペルシア湾
ネアルコスの航路
ヒエロンの航路
エリュトラー海

アイガイ
ペッラ
黒海
コーカサス
ビザンチン
イリオン
テーベ
エフェソス
サルデイス
ゴルディオン
アンキュラ
アテネ
フリュギア
333
カッパドキア
アルメニア
カリア
ケライナイ
デロス島
ミレトス
ロドス島
イッソス333
クレタ島
ガウガメラ331
ティグリス川
シリア
ユーフラテス川
ザグロス山脈
キュプロス島
地中海
フェニキア
テュロス
ダマスクス
エクバタナ
324
オピス
リビア
アレクサンドリア
ガザ
331
バビロン
331
スサ
332
バビロニア
アモン神祠
シウァ
メンフィス
エジプト
ナイル川
アルキアス
テーベ
紅海
アラビア
キロメートル
0
500
0
3000
縮尺

ば、きわめて重要であった。すなわち、数多くの軍事的な都市や植民都市が、戦略的な要地を支配するために、また総督管区や国境の住民を監視するために設置された。しかし、この政策は、バクトリア地方のギリシア人入植者の反抗を煽ることとなった(一二一~一二四頁)。同時に、アレクサンドロスは、イラン系の有力者との協調という政策を実行することになる。ますます多くのイラン人たちが総督に任命される(一一七~一二〇頁)。前三二七年、アレクサンドロスは、高名なバクトリア人の娘であるロクサネと結婚する(一二一頁)。

V　インドとペルシア湾の征服(前三二七年~前三二五年)

東方の総督管区が征服されると、アレクサンドロスは、ようやく、長年準備してきたインドの征服にとりかかることができる(四五~四八頁)。つらい行軍ののち、マケドニア軍は、前三二六年春にインダス川に到達する。ヒュダスペス川でのポロス王に対する勝利(前三二六年七月)で、アレクサンドロスには広大な地平が開かれたように見える。しかし、マケドニア軍が進軍に反対したために、彼の遠征は、ヒュファシス川までの征服(前三二六年夏)で終わってしまい、マケドニア軍はインダス川を下ってペルシア湾沿いにバビロニアに戻ることになる。

前三二七年夏、アレクサンドロスは、バクトラを後にして、コーカサスのアレクサンドリアに向かう。この都市は、昔からの大街道を監視する第一級の重要な戦略地点にある（九一～九二頁）。軍隊の一部は、ヘファイスティオンとペルディッカスとにゆだねられてコーフェン川の右岸を制圧し、インダス川への大軍の到着に備えよ、という任務を負っていた。アレクサンドロス自身は、コーフェン川の左岸にある支流をわたった地域の征服に向かっていった。この「アルプス風の遠征」は、たいそう厳しい戦闘が特徴的である。というのも、山岳民族（アスパシオイ族、グライオイ族、アッサケノイ族）が破れかぶれの抵抗をしたからである。アレクサンドロスは、ひとつひとつ天然の要塞を奪取しなければならなかった。最も困難だったのは、アオルノス（ピール＝サール）の攻囲であった。前三二六年春、アレクサンドロスはインダス川で、ペルディッカスとヘファイスティオンの部隊と合流した。彼らは、すでに長いあいだ、アレクサンドロスを待っていたのである。

多くのインドの小王たちが、アレクサンドロスに服従した。タクシラ王のオンフィスには、王国を安堵してやった（八四～八五頁）。タクシラ王は、もう一人のインド人の王ポロスがたくらんでいる危険な計画を、アレクサンドロスに通報した。この恐るべき敵に対する戦闘は、ヒュダスペス川のほとりで繰り広げられた（前三二六年七月）。この戦いは、マケドニア人がアジアで経験した、おそらく最もつらい戦いであった。彼らは、戦象部隊の突進に肝をつぶしたのである。

このとき、アレクサンドロスは、さらに東のガンジス川にまで進軍しようと望んでいた。しかし、兵士たちは、疲労困憊していて、マケドニアに帰還したいと熱望し、ヒュファシス川対岸の危険な遠征にまつわる噂におびえ、反抗した。そして、遠征行を中止するよう王にきびしく迫った（四七頁）。アレクサンドロスは、このとき、新たな段階を切り開く。彼は、以下のことを行おうとしていた。すなわち、インダス川を下り、ペルシア湾沿いに戻ることである（四五頁）。このインド遠征は、しばしば粗暴な多くの民族を服従させ（七二頁）、インドとペルシア湾とを結びつける大海路の制圧を果たすことになった。

Ⅵ　晩年の日々（前三二四年〜前三二三年）

インドから帰還した後の二年間、アレクサンドロスは、あらゆる分野で、すこぶる活発な精気あふれる活動をする。

彼は、ペルシア湾を支配するための計画を粘り強く推し進める。彼はここへ三隊の遠征隊を派遣するが、これはアラビア沿岸を征服する序章となるものであった。バビロンにおける港と艦隊の建設や、バビロニアの運河の掘削は同じ計画に属するものである（九八頁）。

彼は、自分の支配権をいまだに認めるのを拒んでいる諸民族を服従させた（前三二三年のコッサイオイ人に対する遠征）（九三頁）。

スサでの集団結婚（前三二四年）やマケドニア＝イラン混成軍の創設（前三二四／三年）は、ダレイオスの部下との協力という彼の政策の総仕上げとなるものである（一三四頁以下）。

おそらく、西方への遠征をも彼は考えていたであろう。しかし、これについては、不確実な点が多い（四八〜五〇頁）。

前三二三年にアレクサンドロスがバビロンで死んだときには、彼は自分のためにアケメネス朝の全帝国を奪回していた。それは、かつてダレイオス一世によって作り上げられた帝国であった。いくつかの地域でマケドニアの支配は心もとなかったけれども、征服は巨大な事業であった。だが、アレクサンドロスは、軍事遠征の際に明らかとなったさまざまな抵抗に、どうやって打ち勝ったのだろうか。また、彼はどうやってあのような広大な帝国を組織化したのだろうか。彼の目的は何だったのだろうか。そして、いつから彼は征服という計画を考え始めたのだろうか。ダレイオスによって指導された抵抗の性質と範囲とは、どんなものだったのだろうか。これらが、次に取り組むべき課題であると言えよう。

第二章　征服の起源と目的

I　人間的・心理的な類型説明の不充分性と限界

多くの古代の著作家や、のちの近現代の歴史家による叙述のなかにおいては、心理的かつ非理性的な要素が重要な位置を占めている。何と言っても、しばしば強調されるのは、征服者アレクサンドロスの我を忘れて熱狂してしまう性格が、母オリュンピアスから心理的に受け継がれたということである。彼女はディオニュソス信仰の信徒で、「抑制の効かない感情の爆発」（G・ラデ）に身をゆだねてしまうところがあった。他の著作家は、アレクサンドロスが、さまざまな節目で、ホメロスの作品に出てくる英雄たちや神々、またディオニュソスやヘラクレスといった半神たちを模倣したい、いや自分と同一視さえしたいという気持ちで、つき動かされてしまったとも考えている。ついには、V・エーレンベルクやその他の多くの学者は、アレクサンドロスが、ポトス（pothos：願望）という、理解するのにとくに難しい心理学的な概念にまで到達したことを認めている。さらに彼らは、アレクサンドロスが、おのれの限界を超え、つねに世界と自分自身とを発見するなかでもっと遠くへ向かったのは、非理性的で、押さえ切れない欲望のためなのだと考えている。これらの解釈をとおして浮上してくるのは、アレクサンドロスの「非理性的」な姿である。理性的な分析、すなわち政治的な分析ではアレクサンドロスを理解することができないということは、とくにG・ラデが主張している。彼によると、「通常の心理学の法則は、ヘラクレスとアキレウスの血が血管に流れていると感じている英雄には適用できない」のである。他方、V・エーレンベルグは、アレクサンドロスのポトスに関する著作のなかで、アルテュール＝ランボーの「僕は詩人でありたい。僕は自分を見者《けんじゃ》とすることに努力したい……未知に到達することが重要なのです」〔師G・イザンバール宛書簡、一八七一年五月（十三日）付〕という文言を征服者にあてはめている。

はっきり認めなければならないのは、以上のような文章は、それらによって伝えられ推測される歴史の概念それ自体によってぐらついてしまう、ということなのである。アレクサンドロスを「詩人」にすること、それゆえ遠征を個人的な冒険におとしめてしまうことは、大きな誤りである。そうすることは、この重要な歴史的事件の、少なくともかなりの部分が、一人の「英雄」の心理によって説明されてしまうのを認めることになる。それに、この王が多数の人員を、しばしば内情もよくわからず、敵意あふれる国々で指揮したことを無視してしまうことになる。さらに、彼が栄誉を重視したり、自分のポトス（願望）に従うために、自軍をいたずらに崩壊させるような危険を冒さなかったことをも無視してしまうのである。前三二六年に、ヒュファシス川のほとりで、予定よりも早く西に戻ることを兵士たちがアレクサンドロスに要求したときに、彼らは、王に、自軍崩壊の危機を回避させたのであった。アレクサンドロスに関する歴史上の大問題のひとつは、マケドニア人の集団としての意思と、アレクサンドロスが自分の権力に付与しようとした、いっそう自己中心的な性質とのあいだに現われた対立のなかに、まさしく存在するのである。この対立は、前三三〇年から始まったのであった。

他方、この種の解釈では、アレクサンドロスに関する古代の歴史叙述に驚くべき信頼が、時として、学者の側から寄せられている。よく知られているのは、王と彼の企てが人知を超えているのを褒めたたえるために、歴史叙述では、ためらいもなく、事実を故意にゆがめてしまうことである。インド遠征の話のなかで、このことがよくわかる。古代の著作家たちの言うところでは、これらの国々は、アレクサンドロスを直接連想させるディオニュソス神や英雄ヘラクレスを除いて、このマケドニア人以前には征服されなかったとのことである。A・フーシェの言葉を再現すると、このような「恥知らずの欺瞞的表現」は、この国王が「キュロスやダレイオス一世によって残された足跡のなかに何歩かを印したにすぎない[1]」ことを隠すのをねらっていたということになる。

アレクサンドロスによるいくつかの選択や戦略上の失敗に関する決定的な理由を[2]、非理性的な衝動（ポトス）から説明することも正しいとは言えない。たとえば、前三三三年の初頭に、ダレイオスに対して攻撃をしかけるかわりにゴルディオンに何週間も滞在したのは、小アジア西岸地方でメムノンが反撃を加えるという危険性を認めていたからである。エジプトへの遠征（前三三二／一年）も、アオルノスの攻囲（前三二六年）も、ガドロシアとカルマニアを経由する帰還（前三二五／四年）も、アレクサンドロスがポトスを抑制することができなくなって冒した失策なのではない。実際には、これらすべての選択は、いま何をなすべきなのかという戦略上の客観的かつ現実的な分析のうえで行なわれたのであった。王が遠征のあいだに冒した危険は、計算された危険なのである。彼は、背後を固めないうちはけっして新たな段階にいどむ決心をしなかったし、これから征服しようという国々に関する情報をとらないうちは行動を起こさなかった。

結局のところ、このようなポトスによる説明では、征服の起源や進行、停止についての基本的な問いに答えることはできない。それゆえ、アレクサンドロスおよびその側近、そのうえ彼の敵に対しても、「理性的に」問いかけるほうがよいのである。アレクサンドロスが個人的な冒険に立ち向かったときには、あたかも、彼がひとりきりであったかのように、敵のことはいつも忘れられてしまうのだけれども。

II　フィリッポス二世の遺産

W・W・ターンのよく知られた文章によれば、「アレクサンドロスがペルシア帝国に侵入した主たる理由は、明らかに、侵入せずという考えに思い至らなかったからであった」(*Alexander*, I,p.8)。こうした文章でこのイギリス人の歴史家が言いたかったのは、征服という考え方の大部分はフィリッポス二世にさかのぼるということであった。前二世紀のギリシア人歴史家ポリュビオスが説明しているのも、まさにこのことである。ある有名な一節で、ポリュビオスは、ペルシア人に対する戦争の根本的な原因や開戦の口実、それに戦争の開始とのあいだに区別をつけようとしている（第Ⅲ巻六章一二―一四節）。実際、フィリッポス二世は、外交的にも軍事的にも同じように、かなりの準備を整えていた。カイロネイアの戦いでギリシア人に勝利した（前三三八年九月）のち、フィリッポスは、コリントスにギリシアの都市や国々の代表を呼び集めた。討議の結果、コリントス同盟の結成が決定された。

同盟の機能と、参加した国々の名前は、完全には伝わっていない。同盟の主要組織は同盟会議《シュネドリオン》であって、国々の代表で構成されており、代表の数はおそらく派遣部隊の員数に比例していた。マケドニアは、国家として同盟には参加しなかった。国王のみがこれに関係したが、これは、純粋に個人的な関与であった。他方、憲章では、組織の転覆や参加国同士の戦争、フィリッポスとその継承者の王権に敵対するあらゆる攻撃が禁止されていた。これらの規定で、ある安定性が、ギリシア諸都市のあいだに創り出された。この安定性は、何世紀にもわたる古典期にもその萌芽はあったとはいえ、ギリシアでは知られていなかった。

フィリッポスの目的は、明らかに、ギリシアで平穏状態が長く続くようにすることであった。この時以来、彼の大計画は、アジアでの戦争に向かっていった。カイロネイアののち、彼は、「かつてペルシア人がギリシアの神殿で行なった瀆神行為に、ギリシア人が復讐するために、この蛮族に対して宣戦布告を望んでいるという噂を広めさせた」（ディオドロス第XVI巻八九章一節）。このため、すでに前三三八年、彼は、同盟会議に「報復戦争」を決議させ、遠征部隊の全権将軍という肩書で、軍事作戦の指揮権をゆだねられていた。それゆえ、前三三八年以来、戦争の口実は〔ポリュビオス流の区別を繰り返すと〕確立していた。フィリッポスは、公式には「マケドニアの平和《パクス・マケドニカ》」のもとに統合されたギリシア人を呼び集めて、行動させたに過ぎなかった。他方、物質的な手段はすでに準備されていた。というのは、軍事同盟に参加した各国は、おのおの部隊を送らなければならなかったからである。

しかし、フィリッポスは、戦争の口実を創り出しただけではない。対ペルシア戦争が始まったのは、まさしく彼の治世のことだった。事実、前三三六年、アレクサンドロスの父は、一万名の前衛部隊をアジアに渡らせた。その指揮は、忠実なるパルメニオンとアッタロスとにゆだねられた。前三三五年に〔ペルシア方に合流していたロドス人傭兵隊長〕メムノンによって攻撃が加えられたにもかかわらず、パルメニオンは、ヨーロッパからやってくる本隊のために、理想的な上陸地点となるアビュドスを確保した。したがって、アレクサンドロスは、〔彼自身がアジアへ上陸する〕前三三四年よりも前に戦争に参加していたのである。

残念ながら、フィリッポスの領土目標を確定するのは困難である。前三三一年、フィリッポスの昔からの仲間であるパルメニオンは、ダレイオスとの外交を友好的に開始するよう、アレクサンドロスをせっついた。ダレイオスは、ユーフラテス川までのアジアを、アレクサンドロスに譲ると申し入れていたのである。パルメニオンは、「いかなる人物もいまだかつてイストロス〔現ドナウ川〕とユーフラテス川とのあいだのこれほど広大で互いに離れている土地を所有したものはいない。いまはバクトリアやインドよりも、マケドニアへと目を転じるべき時なのだ」と強調した〔クルティウス第Ⅳ巻一一章一三節〕。「もし自分がアレクサンドロスならば、この提案を受け入れるだろう、とパルメニオンは言い切った」。G・ラデによると、「この会話は、フィリッポスの野心的ではあるが限定された計画を、アレクサンドロスの無限の征服主義に対置しているのだが、これには強い真実味がある」。しかし、このような解釈は、まったく憶測の産物であるばかりか、「ダレイオスの講和申し入れの書簡を創作して彼の弱腰を強調してみせるような」マケドニア側の宣伝に直接由来する史料に立脚しているのである（六二頁）。

フィリッポスの計画がイソクラテスの著作から直接の影響を受けていたことも、同じようによく主張される。このアテネの雄弁家は、汎ギリシア主義の代表者にして伝道者でもあって、ギリシアの諸都市が統一体をつくれないと悟ると、最終的に、フィリッポスに期待をかけた。『フィリッポスに与う』と題する公開書簡（前三四六年）のなかで、イソクラテスは、このマケドニアの国王を、調停者かつギリシアの統一者、そしてペルシアに対する戦争の指導者としている。それゆえ、イソクラテスの進言とフィリッポスによるコリントス同盟の結成には類似点がある。しかし、このことから、イソクラテスの「影響」についての早まった結論を引き出してはならない。フィリッポスは、ギリシアの現実（自分がこれを作りあげるのに強力に寄与していた）を、自分自身で充分理解することができたし、その結果、自分の政策を決定することができた。フィリッポス（それにもちろんアレクサンドロス）に、ペルシアとの戦争や、「普遍平和《コイネー・エイレーネー》」(3)に基づいた同盟を創設するという考えを植えつけたのは、明らかに、イソクラテスではないのである。これら二つの考え方は、究極的には両立しない。イソクラテスがアテネを新たな帝国支配に導くためにマケドニアの力を利用しようとしたのに対し、フィリッポスはといえばコリントス同盟を自分だけの目的のために利用するつもりだったからである。したがって、フィリッポスが以下のようなイソクラテスの計画を自分のものにしたということを肯定することはできない。すなわち、それは「可能なかぎり広大な範囲の領土を定め、アジアをいわゆるキリキアからシノーペまでのラインで分断すること、さらにこの地域に都市を設立し、当時生きる手段をもたずにさまよい、出会った人びとすべてに悪事をはたらいていた連中を住まわせること」[4]であった。

この時以来まさしく、マケドニア人固有の命令がイソクラテスの夢を乗り越えたのは明らかである。フィリッポスは、二重の道にまたがった企画に乗り出すことになった。すなわち、彼は、ギリシア人の将軍としてギリシアの復讐をとげる――そこから「報復戦争」という天才の思いつくような形式が発明(むしろ再発明)された――と同時に、マケドニア人の国王という資格で、(公的には)ペリントスとトラキアとに対するペルシア人の攻撃をこらしめるために、遠征を指揮しなければならなかった。アレクサンドロスは、フィリッポス殺害の復讐をこれにつけ加えた。マケドニアの宣伝では、この殺害は、アケメネス朝の宮廷の陰謀のせいにされたのである。

Ⅲ　アレクサンドロスとアケメネス朝の王領地

アレクサンドロスは、領土的な野心がイソクラテスの考えをはるかに越えてしまったことをただちに明らかにした。彼は、上陸にあたって、ある象徴的なしぐさで、このことをはっきりと示した。

「彼らが岸につくと、アレクサンドロスは敵の領土に対して投げるように真っ先に槍を投げた……」、「それから彼は船から飛び降り……、槍の穂先で征服された領土として、自分は神々からアジアを授かったのだと宣言した」[5]。

したがって、彼は、この戦争については、ギリシア人の権利を適用しようとしている。これを、前四世紀アテネの作家クセノフォンは次のように定義している。

「戦争で敵に占領された都市では、人間であれ財物であれ、すべてのものは勝者に属するのが普遍的で永遠の掟なのである」[6]。

アレクサンドロスは、来たるべき征服が決定的な形になるであろうと、あらかじめ考えていた。グラニコス河畔の戦い以後、マケドニア人の総督と行政官とを征服した管区に任命したのは、このためである。たとえばフリュギア＝ヘレスポントス州の首都ダスキュレイオンの例も、そうであった。ここでは、ペルシア人の総督アルシテスが、戦闘ののち自殺した。

「彼はアルシテスが治めていた地域の総督にカラスを任命した。そしてダレイオスに支払っていたのと同じ額の税を納めるよう住民に命じた。山岳地帯から下って降伏した蛮族には、アレクサンドロスはもとの家に戻れるようにしてやった……パルメニオンをダスキュレイオンの占領に向かわせた。守備隊が町から撤退してしまったので、パルメニオンは容易にこれを占領した」[7]。

小アジアのいたるところで、蛮族の税、もしくはダレイオスの税を再び課すという同じ政策を認めることができる。少なくともこのような姿勢と決定とは、上陸に先立って、アレクサンドロスの目標が、イソクラテスの目標をはるかに越えてしまったことを意味している。この征服者は、勝者の権利を、たとえ一時的にでもアケメネス朝の主権下にあった領土の全体に、はっきりと示そうとしているのである。ダレイオスの死（前三三〇年夏）でもって遠征が終わらなかったことを説明するには、これで充分であろう。

Ⅳ 「解放戦争」と「報復戦争」、アレクサンドロスのギリシア愛好の限界

コリントス同盟会議と同盟軍総指揮官との決定に従って、派遣部隊が、同盟に属するギリシアの都市や国々から集められた。これらの部隊は、アレクサンドロスの軍隊のなかでも、無視しえないほどの部分となった。すなわち、七〇〇〇の歩兵（全体では三二〇〇〇名）と、テッサリアの騎兵を含めれば二四〇〇の騎兵（全体では五五〇〇騎）である。部隊全体は、マケドニア人の騎兵隊長と将軍とによって指揮されていた。他方、アテネを含む多くの都市が、王に艦隊を提供した。王は艦隊をもっていなかったからである。だが、テッサリアの騎兵隊を除くと、これらの部隊は、遠征のあいだ、きわめて控えめな役割しか果たさなかった。同盟国からの七〇〇〇の歩兵は、いかなる会戦にも参加しなかったのである。同盟軍は、とくに占領軍や防衛軍として用いられたにすぎない。ギリシア艦隊はといえば、フェニキア

艦隊と戦って勝てるとは王も考えていなかったので、前三三四年の夏が終わると、ミレトスで解散してしまった。

遠征にこの部隊が参加したのは、実際のところ、アレクサンドロスの二重の関心事に答えるものであった。ひとつは、彼らが参加したおかげで、ギリシア人の将軍に率いられた「報復戦争」という汎ギリシア的な性格が正当化されたことであった。これらの遠征のあいだ、こうした考え方が根づくような劇的な手段を、アレクサンドロスは必ずとるようにした。グラニコス河畔の戦い（前三三四年）で勝利したのち、「彼はアテネに三〇〇のペルシア式武具を次のような銘文とともに送った。《フィリッポスの息子アレクサンドロスおよびスパルタ人を除くギリシア人たちが、アジアに住む蛮族より（獲得したこれらの戦利品を）送る》」（アッリアノス第Ⅰ巻一六章七節）。

だが、このような行為を、歴史的な背景のなかに置き直すべきであろう。すなわち、戦いで倒れたマケドニア人の騎兵の家族は、人頭税と不動産税の免除という恩賞を受け取った。そのうえ、アレクサンドロスのギリシア偏愛は、戦争中に彼が直面した軍事上・戦略上の苦境から直接に由来するということが、簡単な分析から明らかにされよう。スパルタ王アギス三世がヨーロッパでマケドニアの支配をおびやかしたときでさえも、彼は、ギリシアへの好意に基づく行ないを繰り返したことが、はっきりと確認される。前三三一年春、彼は、グラニコス河畔の戦いで捕虜にしたアテネ人傭兵を釈放することに同意した。ゴルディオンでは（前三三三年春）アテネ人の帰国嘆願に対して激しく拒絶したにもかかわらずである。すなわち、ペルシア海軍の巻き返しが成功したときには、遠征の続行に大きな障害がのしかかったが、アレクサンドロスは、このときはまだ「〔ペルシアに味方した〕ギリシア人を、自分が与えた恐怖から解放してやる」（アッリアノス第I巻二九章五-六節）ときではないと考えていた。サラミスの海戦（前四八〇年）や、プラタイアイの戦い（前四七九年）にも匹敵する、ギリシア人のペルシア人に対する勝利だとアレクサンドロスが考えたガウガメラでの戦勝（前三三一年十月）ののち、「彼は、すべての僭主政治は廃止され、アテネ人たちは自分たち固有の法に従ってみずからを統治できるのだ、と彼らに書き送った」（プルタルコス「アレクサンドロス伝」三四）。スサにはアギスの敗北というニュースはまだ届いていなかったが（前三三一年十二月）、クセルクセスが前四八〇年にアテネから持ち去ってしまった僭主殺し（ハルモディオスとアリストゲイトン）の銅像を、ふたたびアテネに送っている。最後に、アレクサンドロスの心のなかでは、たとえペルセポリス炎上が何よりもまずペルシア人に向けられた態度表明であったとしても（以下一一二～一一六頁参照）、ヨーロッパのギリシア人の見解では、これは、コリントス同盟の名の下に報復戦争を最後まで導くという、アレクサンドロスの意思表明でもあった。すなわち、ペルシア戦争（前四九〇～前四七九年）の際にペルシア人によってギリシアに加えられた破壊に対する復讐だったのである。

ギリシア人部隊の召集は、ギリシアの国々の平穏を確保するというアレクサンドロスの望みにも合致していたことを、現代の学者は必ず強調する。すなわち、同盟からの派遣部隊は、まさしくアレクサンドロスの手中にある人質となっていたからである。ギリシアにおける唯一公然たる反抗が同盟に参加するのを拒否して来たスパルタから起こったということ、また、スパルタに対する戦争はコリントスの同盟会議が機能した最後の機会であること、が確認されるのは、象徴的であろう。

この「ギリシア十字軍」、すなわち、アジアにおけるギリシア系都市の解放に関するもうひとつの面は、これこそ、アレクサンドロスが何にもましてなすべき務めだと、大勢の古代の著作家が書いていることである。現実に寡頭派や一人の僭主によって支配されている都市では、彼の到来が解放と見なされたことは否定しえない。かくして、エフェソスでは、民主政の復活が集団ヒステリー的状況下で起こった。アレクサンドロスは、僭主の支持者たちに対する殺戮をやめさせるために介入しなければならなかった。しかし、熱狂的な歓迎のかたわらで、抵抗や反抗もまれではなかった。時としてこのような抵抗は、ハリカルナッソスでのように、ペルシア人によって組織されていた。ハリカルナッソスは、何か月もマケドニアの包囲軍に抵抗していたのである。しかし、降伏の拒絶は、市民たち自身によっても表示された。かくして、小アジア南部のいくつかの小都市では、アレクサンドロスは冬のつらい遠征の最中に、力づくでこれらを陥落させなければならなかったのである（前三三四／三年）。

小アジアを征服する過程でアレクサンドロスがギリシア系都市に対してとった政策は、各都市ごとのアレクサンドロスに対する態度によって決まった。すなわち、彼は、反逆者たちに対してギリシアの戦争法を適用することにし、それゆえ、絶対的な権限をもって都市と住民とを、意のままにすることとした。(8) かくして、遠征初期には、ペルシア軍に協力した罪があると判断して、ランプサコスの住民を奴隷におとしめることを決定した。この都市は、雄弁家アナクシメネスが仲立ちとなって、ようやく救われたのであった。同じくゼレイアとミレトスの「自由」は、王の許しいかんであった。「彼は、剣を逃れた（戦闘を生き延びた）すべてのミレトス人に生命と自由とを許した！」。反対に、キリキア地方のソロイは、ペルシア人に心を寄せていたために、銀二〇〇タラントンという莫大な罰金を支払い、進駐部隊を受け入れるように、と言い渡された。それゆえ、自由は、W・W・ターンが言ったように、ギリシア系都市に固有のものではなかったのである。それは、アレクサンドロスによって認められた自由であり、それゆえ不安定な自由であった。最もわかりやすいのは、パンフュリア地方の都市アスペンドスの例である。この都市は、初めはアレクサンドロスから部隊の駐屯を免除され、五〇タラントンと現物税（馬）とを差し出すことになっていた。このような解決法は、アスペンドスの人びとに自治を保証するものであった。しかし、［その後まもなく］この都市が合意の実行を拒否しているとの知らせを受けて、アレクサンドロスは、アスペンドスの市壁の下まで引き返し、アスペンドスを「自治」都市から「従属」都市に移すという措置をあらためてとった。

「アレクサンドロスはアスペンドスの人びとに次のように命令した。すなわち、人質として有力者を自分のところへ送るように、また彼らが約束していた馬を引き渡すように、五〇タラントンではなく一〇〇タラントンを送るように、自分がこれから任命する総督の命令に従うように、マケドニア人に毎年租税を支払うように、権利もないのに隣国の土地を保有していると彼らは告発されているが、その土地に関する調査に服するようにと(9)」。

本当のところ、前四七八／七年のアテネによるデロス同盟結成に関して、R・シーリーが提起したのと同じ疑問が生じてくる。[10] それは、アジアにおけるギリシア系都市は、前三三四年に、本当に「解放された」と強く感じていたのか、という疑問である。前四世紀、アケメネス朝の裁定の前に譲歩したアテネやテーベ、スパルタは、ヨーロッパの同胞諸都市の熱意に大きな不信をいだかざるをえなかった。すなわち、これらの同胞諸都市は、前三八六年に、小アジア沿岸地帯におけるペルシアの支配を公式に決定した「大王の平和」を受け入れなかっただろうか。他方、前三三五年、テーベに関するアレクサンドロスの粗暴な行動は、このマケドニア王が思い描いていたギリシア系都市との関係について、最悪の不信感を生じさせてしまった。究極のところ、二世紀以上にわたる「共存」で、アジアのギリシア人とアケメネス朝による支配とのあいだに、ある種の「生き方の了解」modus vivendi が確立されていたことが認められるのである。

結局、アレクサンドロスがギリシア文化に個人的な称讃の気持ちをいだいていたことを否定できない以上は、「解放戦争」や「報復戦争」というスローガンがこうした意図にすばらしく役立ったことも、確認しなければならないのは明らかである。このように考えると、「その公式の理由は、こうむった被害の報復として〔ペルシア〕王の領土を荒らすことであった[11]」という、前四七八／七年のデロス同盟結成時と同じ曖昧さがここでも認められる。アレクサンドロスにとっても、これは理想的な口実であった。なぜならば、古代の多くの著作家によると、彼は、前三三四年の五月には、数週間分の食糧と軍資金しか自由に使えなかったからである。すなわち、戦争〔による戦利品〕によって、次の戦争を養わなければならなかったのである。

V　インドの征服とペルシア湾経由での帰還

インドとペルシア湾岸への遠征は、アレクサンドロスの征服について歴史家たちがまことに多様な論評を繰り広げてきた、まさしく核心部分である。いわく、未知なるものの魅力、英雄ヘラクレスやディオニュソス神と自分を重ね合わせたいという意思、「ポトス（願望）」、地理的な発見に対する志向、商業目的、などなど。これらは、最もよく行なわれる説明である。しかし、問題は、究極の動機が何だったのかを正確に知るということである。同じく問われるべきは、アレクサンドロスがどこまで軍隊を率いるつもりだったか、いつから彼はインドを征服するという計画をあたためていたか、である。

アレクサンドロスにコロンブスを重ねて見ることは、まったくの誤りである。この王は、未知の土地を発見したのではなかった。パンジャブ地方とインダス川の渓谷は、ダレイオス一世によって征服され、アケメネス朝に併合されており、名目上は、このときも帝国の一部であった。だから、アレクサンドロスは、未知の国へのルートをたどったのではなく、彼の地理上の知識は、古代の史料に言われているようにお粗末なものではけっしてなかった。インドの征服は、ダレイオス大王の征服の繰り返しに過ぎず、インダス川下りもアラビアへの遠征も、同じダレイオスによって命じられた海上遠征の繰り返しに過ぎなかった。こうしたアケメネス朝の遠征は、ギリシアの史料、とりわけ、ヘロドトスによって知られていた。また、スサやバビロンには、ペルシア人の役人用の地図があったにちがいなく、アレクサンドロスは、これらを参照できた。さらに王は、征服の前に、味方につけたインドの地方領主たちから得られた情報を利用した。前三二七年にバクトラから出発するにあたって、アレクサンドロスはインドという土地に関して、何を頼りにしたらよいのか完全に理解していた。王の根本的な目的が、ダレイオス一世の帝国国境を自分のために回復すること、また、この回復からダレイオスが手に入れていた政治的・財政的な利益を引き出すことにあるのは、疑いのないところである。

ところで、アレクサンドロスは、この遠征をすでに何年も前から準備していた。前三二九／八年の冬、黒海方面の遠征で案内をつとめたコラスミオイ人の王ファラスマネスに、アレクサンドロスは、自分の目標は目下のところインドなのだと答えている。しかし、この計画はアレクサンドロスが東方の総督管区に入る前からのものであり、インドへの道をとる前に自分の背後を断たれる危険をおかさぬよう、ここを完全に従えておかなければならないことを彼は知っていたのである。前三二九年春からカブール北方のヒンドゥークシュ山中にコーカサスのアレクサンドリアが建設されたことは、パンジャブ地方遠征のために都合のよい基地を確保しようとする王の意思をはっきりと示す出来事であった。決定的な証拠は、前三三四年末から〔小アジアの〕リュキア＝パンフュリア地方を治めていたネアルコスが、前三二九／八年にバクトラでアレクサンドロスの陣営に合流したことである。したがって、担当管区から出発せよという命令は前三三一年もしくは前三三〇年にさかのぼることになり、このことは、アレクサンドロスがペルシア湾への遠征をこのときすでに視野に入れていた証拠である。

そのうえアレクサンドロスは、ポロス王を敗北させたのち、アケメネス朝の国境を通り過ぎようとしたようである。というのは、彼の兵士たちが、ヒュファシス川のほとりで渡河を拒絶し（前三二六年夏）、インダス川沿いに帰還する旅をただちに開始するよう彼に迫ったからであった。フェゲウスというインドのある領主は、ヒュファシス川東地域の、かなり気になる情報を王にもたらした。すなわち、砂漠のかなたにガンジス川というもうひとつの大河が流れている、と王にはっきりと告げたのであった。古代の著作家たちによれば、アレクサンドロスの目的は、ガンジス川とその「外側の大洋」まで到達することであった。これによって何を理解するべきかは難しい。何人かの学者（G・ラデやF・シャッヘルマイル）は、アレクサンドロスの「世界征服の」野望が具体化していることを認め、他の学者（A・ブルレールやH・シヴェック）は、反対に、何年も前からアレクサンドロスの唯一の目的は、インダス川を下り、ペルシア湾を経て帰還することであり、したがってヒュファシス川での兵士たちの反抗という古代作家の伝える物語は、アレクサンドロスという人物をとりまく劇的な雰囲気を高めるためにでっちあげられたのだと考えている。しかし、ヒュファシス川での反乱は疑わしいものではない[12]。二つの目標は何ら矛盾しない。アレクサンドロスが商業上の壮大な計画をいだいていたことが確かであるならば、ガンジス川への遠征でインド人の商業基地を奪い取ることができたかもしれない。前三二三年には、ペルシア湾のアラブ人の港に、同じ方法で、まさしく手をつけようとしたのであった。こうすれば、川上から川下まで、彼はあらゆる海上交易ルートを押さえることができたであろう。

したがって、これらすべてからわかることは、アレクサンドロスのアケメネス帝国流の野望が現実のものであったこと、ならびに前三三四年以来、アレクサンドロスは、もし状況が許すならば、インドとペルシア湾とを自分の支配下におこうとしたことであった。そしてこのときに、彼はこれから征服しようとしている世界のひろがりを全体としては正確につかんでいるが、同時に、部分的にはぼんやりとしているという考えをもつようになったのである。彼の洞察力の根拠は、この世界はアケメネス朝によってすでに征服されたことがある、ということだったのではないだろうか。

Ⅵ 「最終計画」という問題

クィントゥス＝クルティウスや、アッリアノス、プルタルコス、ディオドロスといった古代の著作家たちは、前三二三年に、アレクサンドロスが最終的に西地中海地域を征服する計画をいだいていたことを認めている。ディオドロスによると、王の死後、王の後継者としてきわめて有力であったペルディッカスが、王の計画書を発見し、軍隊を前にした演説で、その内容を次のように語ったという（軍隊は計画の実施を拒否）。

「彼は、フェニキアやシリア、キリキア、キュプロスで、カルタゴ人やリビアやイベリアの沿岸地帯に住む他の民族、シチリアまでの隣接する地帯に住む人びとに対する遠征のために、三段橈船よりも大きな軍船を数多く建造することを提案していた。また、リビアからヘラクレスの柱〔ジブラルタル海峡〕

まで道路を建設すること、これほどの規模の遠征に必要な港や海軍工廠を適切に選んだ土地に造ること、おのおのに一五〇〇タラントンかかる、壮大で贅を尽くした神殿を六つ建立すること、最後に、「協調精神《ホモノイア》」と通婚という方法で友好関係を、ついで縁戚関係をも生み出せるように、都市をいくつか建設し、アジアの住民をヨーロッパに、ヨーロッパの住民をアジアに移住させること」(ディオドロス第XVIII巻四章一―六節)。

このわずかの史料に対して、相対立する註釈が大量に出されている。そのひとつは、これを完全に信用できるとする説(とくにF・シャッヘルマイル)であり、他の学者(W・W・ターン、R・アンドレオッティ、E・ベイディアン)は、さまざまな理由から、対外的な宣伝という面があったと考えている。ある学者(R・アンドレオッティ)は、前三二三年の情勢は、このような大計画には適していなかったと強調した。すなわち、アレクサンドロスは、資金も軍隊ももっておらず、反乱に直面していたからである。他の学者(とりわけW・W・ターン)は、「最終計画」のいくつかの面(とくにマケドニアの古都アイガイにピラミッドをひとつ造ること)は、精神の錯乱を示していると考えた。また他の学者は、とくに前三二三年のアレクサンドロスにとって危険な存在としてあげられているローマに関して、この史料には時代錯誤が多いとしている。

この伝承から生まれた問題は実に難しく、提起された質問に対して事実に即した答えを示すのは、実際には、たいそう困難、いやそれどころか、不可能なのである。アレクサンドロスのものとされる計画が外見上まとまっているのは、おそらく、それ自体がつくりものでしかないからである。少なくともこの計画のかなめをなすのは、アラビア半島の周航からエジプトにいたる遠征と、戦争を西地中海にまで追求する計画とを、まぎれもなく結合したことである。しかし、計画の前段はそれ自体、にわかには信じがたい。なによりも、アッリアノスにきちんと残された部分がそれを暗示している。「アレクサンドロスは艦隊とともにアラビアやエティオピア、リビアの大部分をひとまわりするつもりであったと何人かの著作家が報告さえしている[13]」。前三二四年、アレクサンドロスがこの航海を実現するための任務を、副官たちに任せていたことに疑いはない。それに劣らず注目すべきは、彼らがその任務に完全に失敗したことである。技術的に途方もなく困難だったという理由が容易に理解できよう。実際、アレクサンドロスは、ただ単にアケメネス朝の伝統を、再びとりあげただけなのに違いない。ナイル川と紅海とを再び結びつけた運河の石碑にダレイオス一世が宣言をしたにもかかわらず（前五〇〇〜前四九〇年）、紅海とペルシア湾とのあいだの直接的で定期的な連絡路は、ペルシア支配の時代にはけっして存在していなかった。前三二四／三年、アレクサンドロスの第一の目的は、ネアルコスがペルシア側の沿岸と連絡をつけたように（一〇〇頁）、ペルシア湾のアラビア側の沿岸と連絡をつけることであった。そして、それ以上ではなかった。彼は不可能な企てで全軍を危険にさらすなどということは、明らかに望まなかったのである。たとえこうした見解によってアレクサンドロスの西方計画が明確に消えてしまうことにはならないとしても、少なくとも、文献史料の在り方からして最大の用心をしなければならないことがよくわかる[14]。

第三章　征服に対する抵抗運動

アレクサンドロスが粘り強く進軍したからといって、また最終的に勝利したからといって、いつも具合よく円滑に計画を遂行できたなどと思うべきではない。まさしくその反対で、彼は、ダレイオスとアケメネス朝の軍隊によるしつこい抵抗に遭遇した（前三三四〜前三三〇年）。この抵抗は、ギリシア本土の抵抗運動（前三三三〜前三三一年）と結びつく危険性があっただけに、なおのこと危険となっていた。ダレイオスの死後三年間（前三三〇〜前三二七年）、マケドニア軍は、バクトリアとソグディアナで敗北するかもしれないという危機にあった。これと並行して、軍隊内の反抗が大きくなり、アレクサンドロスはヒュファシス川で計画を断念せざるをえなかったのである（前三二六年夏）。

I　ダレイオスによる抵抗（前三三四年〜前三三〇年）

1　両軍の兵力

アケメネス帝国の抵抗とその指導者の能力とを過小評価する見方は大きな誤りと言えよう。前三三四年、兵力数の比は、ペルシア方にはるかに有利であった。アレクサンドロスの三万の歩兵と五〇〇〇の騎兵に対して、アケメネス帝国は、言葉の正確な意味において無数の群衆を動員することができたのである。古代の著作家は、理由もなく数字を大きめに伝えている。ディオドロスは、イッソスでダレイオスに五〇万の兵士があったと語ってはいないだろうか。これは、明らかに誇張された架空の数字と言えよう。それでも、マケドニア人は幾度も数字の上で不利な比率で表わされていることに変わりはない。まったく同様に、ペルシア大王の財政資金は無制限であった。彼は、スサやエクバタナ、ペルセポリス、バビロンに蓄えられた宝物を、自由に処分できたのである。前四世紀のギリシアの論客や、アレクサンドロスについて記した古代作家によって好んで伝えられた説とはちがって、前四世紀のアケメネス帝国は、急激に衰退へと落ち込んでいたわけではなかった。アルタクセルクセス三世の治世（前三五九／八〜前三三八年）には、領土——たとえば前五世紀末以来ペルシアの支配を免れていたエジプト——を、再び奪回・回復すらしたのである。経済的な危機も不満の広がりも、きわだってはいない。ペルシア大王は、ペルシア人の有力な家系の忠誠や、地方の有力者の協力をあてにすることができた。そのうえ、マケドニアによる征服のさまざまな段階では、アレクサンドロスの行軍が、大王の軍隊や諸民族および都市の抵抗運動によって、しばしば妨害されていたことがわかるのである。(1)

アレクサンドロス指揮下のマケドニア軍は、戦闘技術と機動力では明らかに優位にあった。アレクサンドロスは、フィリッポスから、完全な密集戦闘の技術を体得した軍隊を受け継いでいた。アレクサンドロス自身もずばぬけた戦略家であり、かなり例外的な適応能力をそなえているという特徴をもっていた。父親によって開発された、「斜形陣」という名称で知られる戦闘隊形を受け継いでいても、もし必要と感じたならば、その隊形を修正することが彼にはできた。非常時の状況下でしか徴兵されたことのないダレイオス王の軍隊に対して、マケドニア軍は、ほとんどプロ級の軍隊として状況に機敏に反応できる能力を体得していた。だからといって、アケメネス軍はただの「張り子の虎」ではない。そのうえ前三三四年、ダレイオスは海上でも優位を保っており、それゆえ、彼は基本的にエーゲ海の制海権を確保していたのである。

2　アレクサンドロスの戦略上の位置の脆さと危険

だが、戦闘員の数や戦闘方法を比較しても、作戦の進行を理解することはできない。戦略的な計画においては、前三三四年五月、アレクサンドロスの位置が、極端に不安定で危険であったことを強調しておかなければならない。少なくとも以下の二つの理由から、彼は今すぐ勝利を必要としていた。近年の古銭学の研究によれば、前三三四年にアレクサンドロスの貴金属の備蓄が不足していたことについて、古代の著作家たちがあげている数字、すなわち彼はおよそ三か月分しか自由に使用できなかったという数字が正しかったことが明らかとなっている。グラニコス河畔の戦いののち、数週間でサルデイスを奪取しなければならなかったのはこのためである。実際、アレクサンドロスはこの総督府の宝物庫を奪うことができた。他方、ひとつの失敗がギリシア系都市における「復讐の念に燃えた者たち」にとって励ましになってしまうということを、アレクサンドロスは実によく知っていた。一言でいえばアレクサンドロスはつねに勝利することを強いられていた。彼にはいかなる失敗も許されてはいなかったのである。[2]

ここで、ダレイオスの目標とした最後の切り札について。アレクサンドロスはアケメネス朝のさしたる抵抗に出会うこともなくその領内に徐々に侵入していくにつれて、自分の戦略的な立場がますます危機的になっているのを認めた。マケドニア軍は「敵の領内で動く島」（E・ベイディアン）のようであり、グラニコス河畔の戦い（前三三四年五月）とイッソスの戦い（前三三三年十一月）ののち、マケドニア軍の背後に展開していたペルシア軍の反撃によって二度までも取り囲まれてしまった。

グラニコス河畔の勝利（アレクサンドロスは海まで押し戻されはしなかった）がどれほど重要であったにせよ、この戦いを経験して、このマケドニア王は、やすやすと小アジアを従えることはできないと悟ったのである。大部分のペルシア軍は戦場をうまく逃れ、［ロドス人傭兵隊長の］メムノンが指揮をとっていたミレトスへと後退した。ミレトスから落ちのびたあとにはハリカルナッソスへとたどり着いた。ペルシアの全軍に抗戦の意欲が高まっていた。とりわけ、ギリシア人傭兵にこの傾向が強かった。〔グラニコスの〕戦いのあと、彼らに対してアレクサンドロスが厳しい処分を科したために、傭兵たちは、ダレイオスの側から離脱するという希望をすべて失ってしまったからである。

メムノンとオロントバテスとは、ハリカルナッソスを非常時体制下に置いた。メムノンは、ダレイオスから島々と沿岸地帯とを再び征服するために出撃せよという命令を携えた使節を迎えた。前三三四年夏、ハリカルナッソスの防衛部隊のために行動を阻まれていたアレクサンドロスにとって、危険は大きかった。彼自身は、海ではなく、陸上で戦うことを選んだ。実際、ミレトスで（七～八月）、彼はギリシア人の召集部隊からなる艦隊の解散を決定した。一六〇隻に対して四〇〇隻という、数と質とにおいてはるかに勝るフェニキア艦隊を打ち破る機会はまずない、と彼は考えていたのであろう。他方、王は、敗北した場合に、ギリシア人乗組員が反乱を起こすのではないかと恐れていた。最終的に、彼はこの海軍を維持するために必要な財政的な蓄えを使わなかったのである。アッリアノスが伝えているアレクサンドロスの決定は以上のようであって、このことはいくつかの問題を提起している。いずれにせよ、王は、優秀なペルシア海軍に対して陸上で戦うことに決めた。それはダレイオスが艦隊と乗組員とを集めたすべての地域、すなわちリュキア地方のパンフュリア寄りの沿岸部やキリキア、パンフュリア地方の沿岸地帯を支配下におさめることであった。

しかし、このような戦術をとることは、かなりの危険を生むことでもあった。それは、二つの戦場のあいだに位置を占めるという危険である。すなわち、大軍を動員したダレイオスと、小アジア西岸地方の再征服にめざましい成功をもたらしたメムノンとのあいだに位置をとるという危険である。メムノンの活動は、ギリシア系都市間に大きな（というより過大な）期待をかきたてた。ギリシア系都市の指導者は、マケドニアの敗北を期待したのであった。古代の著作家はメムノンに重要性を与えているが、レスボス島のミテュレネを前にして（前三三三年夏）彼が死んでも状況は変化しなかった。その後継者である〔ペルシア人提督〕ファルナバゾスとアウトフラダテスとは努力をおこたらず、メムノンよりも攻撃的な戦略をとりさえした。すなわち多くの島々を奪い、これらの島々にペルシアによる支配の原理を再び打ち立てた。この支配原理は前三八六年にアルタクセルクセス二世によって明示されていたものであった(3)。

したがって、前三三三年七月ごろ、フリュギア州の首都ゴルディィオンから出発したときのアレクサンドロスの状況は、盤石と言うにはほど遠かった。イッソスの戦いの前には、敵方の連合すら、いまにも実現するところであった。スパルタ王アギスが、アウトフラダテスとファルナバゾスに、シフノス島でまさに合流しようとしていたからである。イッソスの戦いでの勝利は、アレクサンドロスを破滅から救い、フェニキア人の都市、なかでも、このとき主たる目標であったテュロスに赴くことができるようにしたのである。しかしながら、R・コーアン(4)のように、「イッソス後のアレクサンドロスほど行動が自由な征服者はいなかったのだ」と述べることは重大な誤りである。これとは正反対に、このとき（前三三三年秋～前三三二年春）、遠征のなかで最も危機的な時代が幕を開けたのであった(5)。

実際、イッソスの敗北ののち、多数のペルシア騎兵は、著名な指導者たちの指揮下で北方へと逃亡した。彼らは、「王の道」を通って整然と〔小アジア内陸部へ〕退却し、現実にマケドニアの支配の外にある地域、すなわちカッパドキア、パフラゴニア地方に腰を落ち着けた。彼らはこの地で徴兵の制度を定め、まもなくかなりの軍隊を所有することとなった（前三三三年末〜前三三二年初め）。〔小アジア北岸の都市〕シノーペがミトロパステスや、オロントバテス、ヒュダルネスという名前を刻印した貨幣を鋳造したことは、おそらくペルシア人の活動と関わりがあったのにちがいない(6)。彼らの目的は、ハリュス川の西側の小アジア全域を再征服することであった。

ところで、このとき、ダレイオスはバビロニアで新たな軍隊の徴集を始めていた。フェニキアの艦隊はつねに海を制圧していた。ヨーロッパでは、スパルタのアギスが孤立していたにもかかわらず、準備をおこたらなかった。アレクサンドロスは、テュロスを前にして何か月間も動いていなかった。テュロスの人びとは、できるだけ長く抵抗すればそれだけ、ペルシア大王の準備が整うとわかっていた。他方、アレクサンドロスは、フェニキア沿岸部の占領という計画を達成する機会を失ってしまうのではないかという恐れのために、攻囲を解くことはできなかった。これは、それ以降の遠征全体を左右する占領だったのである。かくして、アレクサンドロスの状況は微妙であった。彼は、にっちもさっちもいかなくなる恐れがあった。

このような例外的な状況に直面して、アレクサンドロスは例外的な手段をとることに決めた。彼は、大フリュギアの総督である隻眼のアンティゴノスに、小アジアで集めた全軍の指揮を任せた。傑出した戦士であったアンティゴノスは、他の総督たち（カラス、ネアルコス、バラクロス）の援助を受けて、前三三二年春に、ペルシア軍の反撃を打ち砕いた。この勝利のおかげで、フェニキア、キュプロス、キリキアの艦隊がテュロスを前にしたアレクサンドロスの軍門に下るためにやってくるというまさにこの時期に、アレクサンドロスの負担は、明らかにずっと軽減されたのであった。テュロスが陥落した（前三三二年夏）ため、彼は前三三三年夏に決定していた計画を実行に移すことができた。すなわち、大陸側にあったアケメネス朝の海軍基地を撤去することである。にもかかわらず、勝負は決しなかった。イッソス敗戦の知らせに衝撃を受けたにもかかわらず、また弱体化したにもかかわらず、〔ペルシア艦隊司令官〕ファルナバゾスは、前三三二年秋まで活動を続けた。アレクサンドロスは、総督バティスに守られていたガザの強烈な抵抗を、苦労して排除しなければならなかった。そしてこの間、ダレイオスは新たな軍隊を徴集し、準備を整えていたのである。

3　アレクサンドロスに直面したダレイオスとペルシア軍

アケメネス朝の敗北を説明するために、ペルシアの司令部が劣っていたと強調するべきなのであろうか。現代の多くの歴史家（U・ヴィルケン、H・ベルフェ、W・W・ターン、G・ラデ……）は、ダレイオスは、戦場では臆病者で、外交交渉でも無能だったと考えて、彼に責任の大半をおしつけている。これらは、すでにギリシア側の史料によって広く伝えられており、こうした史料は驚くべき優越感に裏打ちされて、ペルシアについて語るのにある種の決まり文句を用いる習慣になっていた。すなわち、脆弱・奢侈・淫欲・泥酔・臆病といった言葉である。ギリシア人は、ここに都合のよい征服の正当性を見出していた。ヨーロッパの歴史叙述における主流において、アレクサンドロスが「文明の戦士」[7]という顔をもっていることを強調するために、勝手な思い込みに基づくこうしたテーマが繰り返されているのを認めることは、嘆かわしいかぎりである。他方では、明らかにアケメネス朝の周辺から出て来た伝えによると、〔ダレイオスが〕カドゥシオイ人の指導者を一騎打ちで破ったのちに、「ダレイオスが王位にふさわしいと判断されたとすれば、それは他のすべてのペルシア人より勇敢さの点ですぐれているという評判だったからである」とされていた。[8]あれこれの伝承の存在は、当時、怒濤のようになされていた宣伝合戦のなかに置き直されなければならない。

ダレイオスは、イッソスの戦いを例にあげて歴史家たちが好んで描くような、愚かな将軍ではない。この戦場では、彼の作戦は、最終的には自軍を山々と海、川に挟まれた狭いスペースに閉じ込めることになり、したがって、兵力数で優勢であっても何の役にも立たないことになってしまった。しかし、彼の当初の作戦は、実に適切であったと思われる。すなわち、マケドニア軍を分断し、アレクサンドロスをキリキアで打ち破ったあと、パルメニオンの指揮する軍隊に向かって南へと向きを変えることであった。ダレイオスにとって不幸なことには、アレクサンドロスより早くイッソスの平原に到着することができなかったので、作戦が何時間か遅れを取ったことであった。[9]

ダレイオスがヘレスポントス〔現在のダーダネルス海峡〕のルートをふさぐのに圧倒的に優秀な海軍力を用いなかったことや、アレクサンドロスを海に追い落とすために「王の軍隊」の先頭に立って突進しなかったことを認めたとしても、驚くことはない。行動を起こさなかったことは、彼がアレクサンドロスの準備段階を完全に知らされていただけに、いっそう不可解であるように思える。艦隊を繰り出さなかったのは、不思議なことに説明がつかないが、少なくとも、つねに主張される解釈のどれひとつとして、文書の裏付けがなければ憶測の域を出るものではないことを、本質的な問題としてよく知っておかなければならない。「王の軍隊」がたまたま召集されたことについては、アケメネス朝の歴史の全過程をとおして、このような手続きはむしろ希有な例外に属することを強調しておくべきであろう。前三三四年におけるダレイオスの戦略は、基本的に自身と幕僚の何人かが、前三三四年の時点でアレクサンドロスの遠征とその成功の可能性について思い浮かべたイメージに基づいている。この点では、われわれが利用しうる史料の性質によって視野がゆがめられていることは、疑う余地がない。実際、ギリシア語の史料は、当然のことながら、アレクサンドロスの上陸が、前三三四年以来、ペルシア人自身にとってかなりの重要事件なのだと断言したり、あるいはそう思わせる傾向をもっている。ところで、マケドニアの「アジア」占領が、結局のところ「歴史を変えた」ことを否定しないとしても、それでもやはり、前三三四年にダレイオスと彼の部下とがアレクサンドロスの上陸を、必ずや失敗するにちがいない新規の企てだと考えていたことには変わりない。ギリシアの軍隊がアジアの土を踏んだのはこれが初めてではなかった。そのうちどれも、パルメニオンによる前三三六／五年の上陸でさえも、帝国の存続にとって、何ら危険ではなかったのである。それでは、ギリシア軍上陸の評価を決定的に誤ったのだろうか。事後の安易な理由づけをのぞいては、前三三四年にアレクサンドロスの上陸が明らかに大ペルシア帝国のためにはならないとダレイオスが考えたとするのは、何の根拠もないのである。

アレクサンドロスの軍隊に直面して、ダレイオスは、いつもの作戦をとった。彼はフリュギア＝ヘレスポントスの総督アルシテスに、小アジアの個々の総督たちが送ってきた派遣部隊の先陣を切るように、そして、フリュギアの地で隊列を整えた正々堂々の会戦でもってマケドニア軍を迎え撃つようにと命じた。古代の著作家は、アルシテスを囲んで開かれた戦術会議の様子を伝えている。アッリアノスやディオドロスによると、このとき二種類の作戦が対立していた。〔前一世紀の歴史家〕ディオドロスは、いつものように、メムノンに第一級の場所をあたえている。(10)メムノンは、アレクサンドロスには軍資金も食料も不足していることを知っていたので、大地を焼き払う作戦を提案した。アッリアノスは次のように言っている。

「しかし、アルシテスは、会議のさなかに、自分の支配下にある家屋は一軒たりとも焼き払われてはならぬと宣言した、と言われている。また他のペルシア人も、メムノンは王の厚遇を得ようとして戦争を故意に長引かせているのではないか、と多かれ少なかれ疑っていたので、アルシテスの意見に全面的に賛成した(11)」。

メムノンに全面的に肩入れしつつ、ディオドロスは、アルシテスとペルシア人の指導者たちが、「メムノンの強く勧めたやり方は、ペルシア人の誇り高き気概に値しないという口実の下に」その提案をはねつけた、と伝えている。ここから、ペルシア人に関する神話、すなわち「騎士道精神」に目をくらまされ、まちがいなく破滅をまねくとディオドロスが言っている作戦を、ペルシア人は採用したのだという神話が生まれた。現実には、作戦会議では、あちらよりこちらの作戦のほうがよいといって選ぶ可能性などはなかった。というのは、アルシテスと仲間たちは、ダレイオス自身から、戦闘隊形をとった正々堂々たる会戦でアレクサンドロスと戦えという命令を受けていたからである。事実、ペルシア騎兵の優秀性が予想され、兵士の数でまさっていたので、アルシテスは勝利を得ることができると思ったのであった。

マケドニア人の緒戦の勝利に対してダレイオスが見せた狼狽は、なによりも、彼の「領土放棄」の提案を伝える古代の伝承から導き出されている。実際、アレクサンドロスの事蹟に関する伝記作家たちは、イッソスの戦いののち捕虜となった家族を取り戻すために、ダレイオスが三度（もしくは二度）も外交交渉をさせたと伝えている。この点は否定できない。さらに、彼らが伝えるところでは、まずテュロスで（前三三二年）、次にアレクサンドロスがユーフラテス川を渡ったとき（前三三一年夏）に、大王はアレクサンドロスに娘のひとりと結婚させると約束し、ハリュス川までの帝国領土を手放して彼に与え（テュロスでの使節）、ついでユーフラテス川までの領土を与えると約束したとのことである。加えて「ローマ帝政時代の作家」クィントゥス＝クルティウスは、これらの領土は、このマケドニア王と婚約した王女の嫁資《かし》という名目で譲られたのだと断言している。しかし、この伝えはいかにも疑わしい。この伝えは、イッソスの戦いとガウガメラの戦いとのあいだの時期に、ダレイオスが行なったことが確実な戦略上の決定や軍事活動とは、まったく対応しない。それに側近と開いた会議の際に、アレクサンドロスがダレイオスのにせの書簡を創作した、ということをディオドロス自身が知っていたのである。このような「領土放棄」は、現実にはマケドニアによる宣伝の一部と考えられなければならない。ガウガメラの戦いのあとでもなお、ダレイオスは、自軍の運命がますます危うい方へ傾き、それだけ敵側が有利になるその日まで、徹底的に戦うことを決意していた[12]。

II　ギリシアにおける隠密の抵抗と公然たる反乱

同じころ、ギリシアの情勢は不穏であった。前三三四年五月に小アジアに到着したとき、アレクサンドロスはその危険をしっかりと自覚していた。彼は、ギリシアの諸都市を監視する役を〔本国の将軍〕アンティパトロスにゆだね、彼に一万五〇〇〇の歩兵と一五〇〇の騎兵とをあずけた。公然たる反抗はスパルタから起こった。スパルタはコリントス同盟には属していなかったので、部隊をアレクサンドロスに送ってきてはいなかった。それゆえ、前三三八年から王位に就いていたアギス三世は、自由にスパルタ軍を準備することができた[13]。彼の目的はペルシア大王と協力して活動することであった。前三三三年、彼は、ペルシア人の側に全面的に参加することに決めた。彼は艦隊司令官のアウトフラダテスとファルナバゾスとに再会するべく、シフノス島にやってきた。アギスにとって残念なことに、彼自身の到着は、イッソスでダレイオスが敗れたという知らせの到来と同時であった。ダレイオスの敗北は、アジアとヨーロッパで完璧に一致協力した行動を起こすという窮極の夢を打ち砕いてしまった。

前三三一年、トラキアで反乱が勃発した。将軍メムノン〔前出のメムノンとは別人〕が、独立しようと決意したからと思われる。この反乱は、アギスの蜂起と連携していたのであろうか。確実にそうと断言することはできない。それはそれとして、ともかくも、アギスはまさにこのとき戦争を始めたのである。アンティパトロスは、トラキアの前線にかかりきりだったので、将軍コッラゴスをペロポネソスへと派遣した。コッラゴスは敗れて殺されてしまった。マケドニア軍のこの最初の敗北が、どのような反響を呼んだか想像できる。

「スパルタ人と傭兵隊とは勝利をおさめ、コッラゴスの軍隊を全滅させた。エレイアの人びとはスパルタ側に加わっており、同じくペッレネ人をのぞいたすべてのアカイア人も、また、メガロポリスをのぞいてアルカディア地方全域も加わっていた。メガロポリスは攻囲され、陥落は今か今かと毎日待たれていた。アレクサンドロスは極点を越え、ほとんど世界の端まで達していた。アンティパトロスは軍を集めていたが時間がかかっており、その後のことはどうなるかわからなかった[14]」。

アレクサンドロスは、不安をおぼえながらペロポネソスの諸事件を見守り、アギスに対して戦う手段をとった。アレクサンドロスはアテネを喜ばせ、アテネを勇気づけてアギスの反乱に介入しないという道をとらせるため、グラニコス河畔の戦いで捕虜にしたアテネ人傭兵の解散を、前三三一年春、テュロスでついに許可した。少しあとで、艦隊司令官アンフォテロスが、「ペルシアとの戦争のため固く結束し、スパルタ人に従わなかったペロポネソス人たちを助ける[15]」ために派遣された。最終的に、ユーフラテス川に向けて出発する前に、アレクサンドロスはアンティパトロスに命じて、〔トラキアの将軍〕メムノンと（一時的に）和睦させ、アンティパトロスをみずからアギスに立ち向かわせた。彼は、コリントス同盟の召集兵を自軍に編入した。戦闘は前三三一年十月に、メガロポリスの城壁の下で行なわれた。スパルタ人は打ち破られ、国王アギスはこの戦闘で生命を落とした。だからといって、アレクサンドロスは心配事から解放されたわけではなかった。それは、この数か月の間に（前三三一年末～前三三〇年初め）、ヨーロッパのギリシア人に関するアレクサンドロスの好意的な言動が増えたことからもわかる。戦闘のなかで決定的な役割を果たすことはなかったとはいえ、安定した基地たるべきヨーロッパに関して、アレクサンドロスがアギスの反乱のために不安をかきたてられたのは確かであった。

Ⅲ　東方総督管区におけるゲリラ戦とテロル（前三三〇年～前三二七年）

もっと重大なのは、ダレイオスが倒れたのち、東方の総督管区の起こした激しい反抗であった。ベッソスや、これに続くスピタメネスによって指導されたバクトリアやソグディアナだけでも、従わせるのに、およそ三年間を必要とした。

1　ベッソスの敗北とスピタメネスのゲリラ戦

ダレイオスに対する陰謀に主要な役割を果たしたのち、ベッソスは、自分の総督管区であったバクトリアに戻ってきた。彼は、この地で、「自由を守るために」住民に蜂起するよう促し、みずからアルタクセルクセス〔四世〕と名乗って、国王であると宣言した。彼はアレイアの総督、サティバルザネスの支持を受けられると考えていた。アレクサンドロスが、彼をこの地位に就けていた。二度にわたって、サティバルザネスはマケドニア人の背後で蜂起した（前三三〇年秋）。このため、アレクサンドロスは引き返さねばならず、アレイア州に向けて軍を派遣しなければならなかった。こうした後衛部隊の活動は彼を遅らせることになり、ベッソスは完全に準備を整える機会を得た。この新アルタクセルクセスは、バクトラで、オクシュアルテスとスピタメネスに合流した。彼らは、ソグディアナ人の強力な部隊の指導者であり、ベッソスによって徴集された七〇〇〇の騎兵隊をさらに補充していた(16)。

ベッソスは、アレクサンドロスの進路にあるバクトリア高原を荒らし、物資の不足で消耗したマケドニア軍に戦いをいどむという計画をたてた。しかし、前三二九年春にアレクサンドロスがパラパミサダイ地方を出発して仕掛けた攻撃は、バクトリア人の指導者を驚かせた。そこで、このバクトリア人は、オクソス（現アムダリア）川を渡ったのち、その船に火を放って、自分は対岸に退却することを決めた。このとき、バクトリア人の七〇〇〇の騎兵は置き去りにされてしまった。騎兵たちは、この地方の小豪族によって集められ、指揮されていて、この指揮者たちはバクトリアが「焼け野原」になってしまうと、アレクサンドロスはむしろインドへ直接向かうであろうと期待していたのであった。そこでオクシュアルテスとスピタメネスとはベッソスを裏切って、アレクサンドロスに彼を引き渡した。

だが、ベッソスの捕縛だけでは問題の解決にはならなかった。というのは、このときスピタメネスが、軍は、藁をつめた革袋に乗ってオクソス川を渡るのに成功した。他方、マケドニアはるかに危険な反乱の先頭に立っていたからであった。アケメネス朝の軍隊は整列して戦うものだという考え方にいささか固執していたベッソスとは反対に、このソグディアナ人の指導者は、アレクサンドロスに対してはソグディアナとバクトリアにおける自然や人間のあらゆる切り札を用いなければならないこと、また、マケドニアの軍隊は奇襲の裏をかいたり、奇襲攻撃を防ぐための準備がされていないことを完璧に理解していた。多くの都市や要塞地の抵抗のため、アレクサンドロスは、消耗な攻囲戦を強いられた。ソグディアナに入るとき、彼は、要塞化された七つの都市を落とさなければならず、このほかに首都マラカンダ（現サマルカンド）も占領しなければならなかった。これらは、ほとんどの場合、流血の戦闘をともなった。それゆえ状況は、西方の総督管区とはちがっていた。西方では、一般的に、総督管区の首都の陥落は総督管区全体の降伏を告げることであった。他方、ソグディアナとバクトリアには、防備を施された村々が点在し、地方小豪族の権力の中心である、それ自身自然の要塞が林立していた。[17] ソグディアナ遠征（前三二九年）の初めには、マケドニア軍の馬糧徴発隊は、投石器と弓とで武装して、捕虜とともに「近寄りがたく見える険しい山に」（アッリアノス）退いた二万ないし三万の「抵抗者《パルチザン》」に驚いた。彼らは、型通りの攻囲戦を行なわなければならず、そのさなかに、アレクサンドロスは重傷を負った。ソグディアナでは多くの岩々を攻撃のために取り除かなければならなかった。かくして小王オクシュアルテスの妻と娘とはソグディアナの岩場に逃げていたところを発見された。抵抗できることに力を得て、防衛部隊はひるむことなく公然とアレクサンドロスを馬鹿にした。彼らはアレクサンドロスに「この場を奪取してくれるような翼をもった兵士たち」（アッリアノス第Ⅳ巻一八章六節）

を見つけたらどうだと勧めたのである。

疲労で消耗し、多くの要害の地を奪取して確保しなければならなかったマケドニア軍に対して、スピタメネスは、ゲリラ戦と奇襲作戦とで敢然と立ち向かった。敵がやってくると姿を隠し、誰も待ち受けていないと見るや再び姿を現わしたのである。こうして、前三二九年、アレクサンドロスがソグディアナの大都市に向けて北方ならびにヤクサルテス（現シルダリア）川方面に進軍したときに、スピタメネスは、少し前にアレクサンドロスによって占領されていたマラカンダの要塞を包囲しにやってきた。ついで、彼は、マケドニアの増援軍が向かってきたのを知ると、アレクサンドロスの前から逃げ出し、何週間かのちには同じゲリラ戦術を取った。同じように逃走する敵を目の当たりにして、アレクサンドロスは、自軍の機動性を改善しようとして、自軍をいくつかの小部隊に分割し、スピタメネスを追討する任務を負った部隊を通報された所へと送り出した。しかし、このソグディアナ人は、スキュティア人たちを軍隊に登録していたので、アレクサンドロスの北部方面への進軍やヤクサルテス川のほとりに都市アレクサンドリアを建設すること（前三二九年）にとっては大いにやっかいであった。つまり、「彼ら（スキュティア人）の馬はそれぞれ一頭あたり二名の完全武装をした兵士を乗せており、この二名が突如として次々と地面に飛び降りて騎馬戦用の隊列をかき乱した」（クルティウス第Ⅶ巻七章三二―三三節）からであった。このため、マケドニア軍部隊は、前三二八年に壊滅したのである。マケドニア兵は徐々にゲリラ戦に慣れ、アレクサンドロスも、バクトリアとソグディアナの貴族が少しずつ支持を広げてくれたおかげで、この地方で騎兵を徴集することができた。

しかし、スキュティア人の協力は、不安定ではっきりとはしなかった。このことはアッリアノスの考察に明らかである（第Ⅳ巻一七章四－五節）。

「これらのスキュティア人は極貧にあえいでおり、また、彼らは都市も永続的な居住地ももっていなかったし、自分たちの価値ある財産を心配する必要もなかったので、誘いをかければ、容易にあらゆる戦争に参加するように説得されてしまうのである」。

遊牧民についてのこのような紋切り型の図式の背後に[18]、現実には、ステップ地帯のすべての民族がアレクサンドロスに対して武器を取ったのではないということを読み取るべきであろう。シルダリア（ヤクサルテス）川対岸のサカイ族の抵抗も、長くは続かなかった。ほどなくして和平が結ばれた（前三二九年）。スピタメネスの周辺では、ソグディアナ人とバクトリア人の部隊がアレクサンドロスの側に移ったとき、マッサゲタイ族のいくつかの部隊が、人数を減らして残っているだけであった。ソグディアナ人とバクトリア人の部隊がアレクサンドロスの側に移ったとき、マッサゲタイ族がスピタメネスを殺害した。こうすれば、「アレクサンドロスに、自分たちを攻めるのを断念させうる[19]」と考えて。この反乱には「民族的な」性格が付与されがちではあるが、バクトリアとソグディアナの貴族たちが次々と降伏してその数が増えたことを考慮するならば、これには最も厳しい保留を表明するしかないであろう。ひとつの反乱というよりは、広がりがあって長く続き、目的の異なったいくつもの反乱群と言うほうがよいのである。ソグディアナ人とバクトリア人とのあいだや、ソグディアナの小王とサカイの小王とのあいだ、また貴族と農民とのあいだに、協力関係を長く続かせるという客観的な基盤があったのならば、ソグディアナ＝バクトリアは、スペインがナポレオンの側にあったように、アレクサンドロスの側にあったはずである。

前三二九年から前三二七年にかけて、マケドニア人がこうむった危険を完全に理解するためには、王とその副官たちがさまざまな前線で戦わなければならなかったということをはっきりと述べたほうがよいであろう。できるだけ速やかにベッソスに向かって進軍するために、実際アレクサンドロスは、自分の背後に、ほとんど服従していない地域を残していた。こうした地域はイラン系の総督たちの手中にあり、彼らの忠誠は、いまだに不安定でぐらついていた。そのうえ、アレクサンドロスが高原の南部方面（アラコシア、ドランギアナ）に進路を移したことで、このとき（前三三〇年～前三二九年）バクトラにいたベッソスは、北部方面（アレイア、パルティア、メディア）の総督管区と直接連絡をとることができるようになり、その地に副官と援軍とを送ることができた。彼は、パルティア州の総督にブラザネスを任命しさえした。ベッソスに助けられて、サティバルザネスはアレイア州で二度蜂起した。このほか、ふたりのイラン系総督アルサケス（アレイア州におけるサティバルザネスの後継者）とメディア州のオクシュダテスは、反乱と騒擾を鎮圧するために戦うようにとの協力要請を拒否した。これらの騒乱は、前三二八年まで、すなわちベッソスがソグディアナで捕らえられた（前三二九年夏のなかば）あとまで続いた[20]。

2　アレクサンドロスと不服従者――テロルと民族皆殺し

しかし、スピタメネスの最終的な失敗は、アレクサンドロスによって採られた「平和回復」（！）の方法によっても説明しうる。ギリシアの戦争では、都市を占領したあとで敗者を自由に処分する権利が勝利者に完全に認められていたとすれば、アレクサンドロスがこの「権利」を、住民の精神的かつ軍事的な抵抗をつぶすために徹底して用いたことを確認しておかなければならない。ソグディアナの諸都市に対する包囲戦は途方もなく暴力的に行なわれた。ガザでは、「この不幸な例が他都市に聞こえるようにすべての若者を殺害すること……この都市は破壊されるべきこと」という命令を発している[21]。キュルポリスという町は徹底的に破壊された。速やかに介入できるよう改良されたアレクサンドロスの機動部隊は、「悪魔の部隊」と呼ばれるにもふさわしかった。前三二八年にマケドニア軍のある部隊が壊滅した報復として、アレクサンドロスは、「軍隊を分散して、田園地帯に火をかけ、若者を虐殺するように命じた……裏切った者たちすべてが皆同じように戦争の恐怖で苦しむようにと[22]」。アレクサンドロスの意図は明白である。すなわち、スピタメネスを農民から切り離し、このソグディアナの指導者が、もはや「水を得た魚」のようにはならないことをねらっていたのである。こうしたテロの結果は、待つまでもなかった。翌年、マケドニア軍の到来が告げられると、農民たちは、自分の村々からスピタメネスの兵士たちを狩り出した。兵士たちは、これらの村々に宿営できると思っていたのだった。

古代の著作家たちは、アレクサンドロスの「騎士道的な」態度を対ダレイオス戦争のさいにいつも称讃するが、彼は、それとはかけ離れた存在であった。情勢が変わっていたからである。こうした抵抗のためにインド遠征が遅れてしまうことで、アレクサンドロスはしだいに苛立っていった。他方、厳しい戦争のために、また征服者としての自分たちの地位が不安定であるために、自軍の士気が大きく変わらざるをえないことを、彼は知っていた。結局のところ、彼は、既成の合法的な敵に対して古典的な戦争を行なったのではなくて、クィントゥス＝クルティウスが盗賊《ラトローネース》（latrones）のような連中、と規定した散発的な反乱者集団を相手に、戦争をしたのであった。外交的な合意に達することが問題なのではなく、たとえ抵抗した者の皆殺しをしなければならなくなったとしても、無条件降伏をさせることが重要であった。

インドへと向かうさいに、アレクサンドロスは、二つの総督管区の降伏が確実ではないことをよく承知していた。それゆえ、彼は、虐殺するだけでなく人質の提供も求めたのである。

「自分の計画を妨害するかもしれない蜂起が背後で起きないように、アレクサンドロスは、いずれ武装して自分の前に立ちはだかるに違いない三万名の若者を、すべての地域で集めさせた。彼らは人質でもあり、同時に兵士としてアレクサンドロスに仕えることにもなっていたのである[23]」。

アレクサンドロスは、このやり方を同じくインドでも適用した。インドでは、ポロス王に対する大戦闘ののち、彼は新たに人民の蜂起に直面しなければならなかった。［インダス川中流域の］マッロイ人に対する遠征（前三二六年）は、まさしく皆殺し戦争であった。ある強力な砦では、二〇〇〇名の男が、刃のえじきとなった。他方、ペルディッカスは、一部隊を使って、生き残った者たちを虐殺した。こうしたすべての遠征は、まさしく民族皆殺し《ジェノサイド》となった。アッリアノスが、アレクサンドロスによって任命された総督を「生きのびたマッロイ人たちの総督」だと呼ぶほどまでに（第VI巻一四章三節）。ガドロシアでも同じであった。

「プトレマイオスは海岸部を略奪し、レオンナトスは内陸を攻略するようにとの命令を受けた。アレクサンドロス自身は谷あいの地域と山岳地域を廃墟とした。かくして同時に、広大な地方が業火と略奪、虐殺によって荒涼たる土地となってしまった。そして、兵士たちはごくわずかの期間に、莫大な戦利品を手に入れることとなった。無数の蛮族がのどをかき切られた。流血の惨事にふるえあがり、近隣の諸部族は国王の権威になびいたのであった[24]」。

これらは、アレクサンドロスが、武力による反抗に人民を引き込む疑いのある若い政治的・軍事的エリートを排除するために、組織的な方法を決断し、それを実行したことを示している。

Ⅳ　マケドニア兵の不平不満と反抗（前三三〇年〜前三二四年）

この期間、アレクサンドロスは困難な立場にあったが、マケドニア軍が遠征の継続に絶えず反対を表明したため、気苦労は増大した。ペルセポリス略奪の時（前三三〇年春）に、兵士たちはマケドニアに帰国したいという意思を最初に態度で示した。

「……知らせを聞いたその他のマケドニア人は、大喜びで、松明をもって駆けつけてきた。彼らは、王宮に火をかけて破壊するのは、アレクサンドロスが望郷の念を抱き、蛮族の国にとどまる気がないのだと考えたのである[25]」。

何週間かのち、アレクサンドロスが逃走したダレイオスを追って行軍を速めようとしたときでさえも、兵士たちは新たに疲労感を表明した。ギリシア人部隊を送り帰したことは、軍隊のなかに気違いじみた帰国願望を生み出すこととなった。

「実現したことに満足した王が、ただちにマケドニアに帰国する決定をしたという噂が（何の保証もなかったが）……広まった。兵士たちは狂ったように幕舎のあたりをあちこちと駆けまわった。彼らは帰国に備えて荷造りをした。まるで陣営のいたる所で荷物を集めろと命令されたかのようであった。ある者は幕舎の仲間を探し、他の者は荷車に荷物を積み込んだ[26]」。

自分のまわりに団結してとどまるように他の将校たちを説得すると、アレクサンドロスは、軍隊を召集し、長い演説を行なった。とりわけ、すでに達成した征服がもろいものだと強調した。こうした論法は、兵士たちを明らかに納得させ、古代の著作家の言によれば「自分たちをアレクサンドロスが望むところならどこにでも連れていくように」とアレクサンドロスに促すほどであったという。しかし、このような情勢の急転は、この最初の「騒擾」が憂慮すべきものであったことを隠すことはできなかった。「仰々しく兵士たちを集めて演説をしなければならなかったという事実が、王とギリシア＝マケドニア人の将兵とのあいだに溝ができはじめた最初の兆候である。この溝は、その後、深く広くなっていった」（Ul・ヴィルケン）。ソグディアナとバクトリアにおける戦闘が、苛酷で、勝敗も不確定であったために、軍隊と王との断絶は確実に増大した。まさにこのとき、別の理由から、マケドニアの貴族の一派がアレクサンドロスの統治方法に反対を表明してもいた。前三三四年以来、連戦連勝だったこのマケドニア軍は、捕らえることのできない少数の「山賊ども」によって馬鹿にされていた。もっと悪いことに、あるマケドニア人部隊が初めて、ほぼ完全に壊滅した。この悲劇的惨事にさいしアレクサンドロスが見せた反応をきっかけとして、軍隊内部にはなはだしい士気喪失が歴然と現われた。「彼はこの惨禍をかくすようにと機転をきかし、生き残った者たちに真実を暴露することを禁じて、違反すれば死罪とすると宣言した[27]」。

最終的な危機は、前三二六年、インドのヒュファシス川のほとりで炸裂した。王がガンジス川めざして遠征を続けようとしていることを知った兵士たちは、王に従っていくことを拒んだ。今度は、アレクサンドロスが彼らに行なった演説も、何ら効果はなかった。兵士たちは沈黙を保ったが、これは、反対と同義であった。王が何日間か自分の幕舎に引きこもっても無駄であった。何の効果もなかった。アレクサンドロスは、最後には譲歩し、引き揚げを命じざるをえなかった。この決定で、陣営内には喜びの声がとどろいた。彼らの代弁者たるコイノスが国王に説明したところでは、兵士たちが拒否した第一の理由は、彼らが実感している肉体全般の消耗であった。遠征についやしたこの一〇年間で、軍隊は二万キロメートルを踏破したと計算される。前三三〇年以来、アレクサンドロスは、しだいに人を寄せつけなくなる自然のなかで、また、極端な暑さと寒さのために耐え難い気候のなかで、兵士たちに並外れた努力を強いていたのであった。ダレイオスに対して始められた追撃は、言葉の厳密な意味において、まさしく、一種の生き残り競走であった。兵士たちは、追撃するか死ぬかであった。ヒンドゥークシュ山脈越えに際しては（前三二九年）、途中、雪でほとんど目は見えず、飢えにもさいなまれた。負傷者や落伍者は道端に捨て置かれた。古代の著作家たちは、王が部下に対してと同じように自分に対しても厳しかったことを証明する逸話（これ自体は否定しえない）をつけ加えているが、それでもやはり、美徳の例には限りがある。

兵士たちの倦怠と士気喪失とは、アレクサンドロスのとった暴力的な手段によっても説明できる。自分の側近たちに対して王がいどんだ闘争（一二四〜一三三頁）は、軍隊の士気に惨憺たる効果をおよぼした。とくに前三三〇年、エクバタナでアレクサンドロスの刺客が、パルメニオンをなんともひどいやり方で暗殺したことが、この砦の守備兵の反乱を誘ったことは明らかである（クルティウス第Ⅶ巻二章二九節）。アレクサンドロスは、反徒や反対者を数え上げ、集めるために、汚い策略に訴えた。「彼は《規律なき大隊》と名づけたひとまとまりの編成単位に、自分に敵対的な意図をもつ者たちやパルメニオンの死で憤慨した者たち、そのうえマケドニアに送った手紙のなかで王の利害に反することを書き送った者たちを軍籍登録した。こうした者たちの場所柄をわきまえない率直な言葉が、軍隊内の他の者たちを堕落させてしまうのを望まなかったのである」（ディオドロス第XVII巻八〇章四節）。

他の著作家たちは、王自身が兵士たちに勧めて家族に手紙を書かせたこと、そして、王が兵士たちのあずけた手紙の箱をこっそりと自分のところにもってこさせたことをはっきり伝えている。このように頭の固い連中を特別な一連隊に集めることで、「王のもくろみは、彼らを死地にさらすか、または地の果ての植民市に分散させてしまうことであった」（ユスティヌス第XII巻五章八節）。

他方、マケドニア人たちは、とくに、そのなかでも最年長者は、故国への帰還を急ぎ、アジアでかき集めた戦利品を故郷でゆっくりと楽しみたいと思っていた。しかし、インドからの帰国の旅は根本的な誤解に基づいて行なわれた。兵士たちは、今度こそまちがいなく王を先頭にして、マケドニアに戻ると信じ込んでいた。アレクサンドロスは、そうは考えていなかった。それゆえ、オピスで（前三二四年）、兵士たちが「アレクサンドロスは永遠にアジアに王国の中心を置くつもりだ[28]」（クルティウス第X巻二章一二節）ということを知ると、怒りは高まった。征服という現象を前にしたマケドニア人たちと王との態度の違いに関しては、どんなエピソードをもってしても説明不充分である。マケドニア人たちは、いやいやながらヨーロッパの地平線を離れたのであったが、反対にアレクサンドロスは、アジアにとどまってイラン人を部下に加え、アラビアまで征服事業を追求することを、このときすでに決意していたのである。単なる一介の兵士たちの目には、王が自分たちを投入したがっているこの新たな計画は、よりいっそう個人的な企図に映ったようである。彼らは、この計画には賛同できないと感じていた。こうしたマケドニア軍の決定的な反抗こそが、まちがいなく、アレクサンドロスにとって最大の挫折となったのである。

第四章　征服地の統治、防衛、開発

I　国王の権威の段階的差異

原則として、征服されたすべての土地は、たとえ「槍によって獲得した権利」によるのではなくとも、王の統治に直接従属することになる。しかしアレクサンドロスが繰り返し立ち返る包括的で世界的な規模の統治という原理の背後に、現実には、きわめて多様な身分や社会的地位が隠されているのである。なにしろ、アレクサンドロスの行軍は、いくつかの地域ではとくに迅速であった。だから、彼には、アケメネス朝の帝国を、全体的にも部分的にも、完全に支配するだけの時間がなかった。そのため、地方の状況にはかなりの不調和が生じることとなった。すなわち、その大半がアケメネス帝国から受け継がれた諸地方には、自治が広範に残されていたのである。「君主、国王、都市、人民」というダレイオスの帝国の多様性をあらわす公式が、アレクサンドロスの帝国にも、広大な規模で適用された。従属の度合いが異なっているのを単純化するには、王の総督によって直接統治されている地域と、「間接統治」の地域とを区別するのがよい。そうした地域におけるギリシア系諸都市の固有の状況は、以下の節で別個に取り扱われることになろう。

1　総督《サトラップ》による統治

前三二五年ごろのアレクサンドロス帝国にあったおよそ二〇の総督管区を、ひとつひとつ検討するのは退屈な作業である。それよりは、アレクサンドロスが実際に支配を行なうにあたって、よりどころとした原理を引き出すようにしてみるのがよい。(1) なによりもまず、アレクサンドロスがアケメネス朝の統治構造の大部分を温存したことが明らかである。とくに、総督管区の境界はまったく変更されなかった。王は、前四世紀のペルシア人総督の反乱という忌まわしい例に教えられ、自分を中心に帝国の統一を維持しようとして、こうした生え抜きの総督の権力を弱めようとしたことが認められる。しかし、この分野では、いくつかの事実や実例は互いに矛盾している。いくつかの決定は、以下のことを示している。たとえば、彼はあまりにも広すぎる総督管区を分割しようとしたことが知られている。かくてシリアは、前三二九年にはおそらくフェニキアから切り離されたのである。(2) とはいえ、アレクサンドロスは、必要とあれば妥協のできる実際的な人物であった。すなわち、前三三二／一年に任命された二人のエジプト行政長官《ノマルコス》（うち一人はエジプト人ドロアスピス）――他の一人はこの職を拒否した――は、名目上の権力しか保持していなかったようである。すぐに、クレオメネスがすべての民政上の権力を一身に集めてしまったからである。〔ナイル川下流の都市〕ナウクラティス出身のこのギリシア人クレオメネスは、実に傑出した徴税人であった。

他方、アレクサンドロスは、総督の職務権限を多くの役人たちのあいだに分散するよう時おり決定した。かくて、エジプトおよび一人のイラン人によって治められていた東方の総督管区では、軍事権が一人もしくは複数のマケドニア人にゆだねられた。しかしながら、西方の総督管区には、この規定はまったく適用されなかった。こちらでは反対に、前三三四年から前三二三年にかけて終始、総督たちの軍事活動に関する証拠を数多くあげることができる。ただし、アレクサンドロスを前三三四年に養子にしたアダという女性君主が前三二六年ごろまで総督という称号を授けられていた、きわめて特殊なカリア地方の場合は例外である。これらの地域でまことに現実主義的な証拠をつねに示しているアレクサンドロスが、軍事的な権限を西方の総督たちにゆだねていることは理解しうる。それは、彼らが管区内の人民の反乱や慢性的な不服従活動と戦っていることを、アレクサンドロスが知っていたからである。東方の管区で権力を分散させたのは、用心するためのごく普通の措置であった。そして、アレクサンドロスの総督たちは、アケメネス朝の総督たちがあつかっていた財政上の権限を受け継いでいた。[3] アリストテレスの名で伝わる『経済学』のテクストが示しているように、彼らのもっとも重要な仕事は管区内のさまざまな税を徴収することであった。

マケドニア人の総督たちは広範な権力を行使していた。こうした現実の姿は、すべての権力を保持しようと腐心する王の明白な意図と、いかにして両立しうるのであろうか。根本的な問題は、おそらくアレクサンドロスにとって、この問題が法的・制度的な関係のなかでは提起されなかったというところにある。なによりも彼によくわかっていたのは、征服の過程で総督の諸権利を再編成しても、それだけでは服属民の変わることのない忠誠を確実に得るのにふさわしい手段とはなりえない、ということであった。アレクサンドロスの帝国は、永遠に創造の過程にある国家なのである。それは、征服軍の動きにつれて移動する国家である。この点がまことに重要である。支配を仲立ちとした構造が存在するか存在しないかということ以上に、ある総督たちを服従させることもできるし、反抗させることもできるような国王という個人が存在するかしないかということが、重要なのである。インド遠征の途上で彼らのうちの何人かがたくらんだ陰謀は、こうした実態を最もよく表わしている。帰国途中、カルマニア地方で、アレクサンドロスは、何人もの総督や行政官に対して、たいそう厳しい手段をとった。彼らは、自分たちの職務権限を悪用して、あらゆる物資の横領や職権の簒奪などを、ほしいままにしていたからであった。複数の研究者（F・シャッヘルマイルとE・ベイディアン）は、これはまさしく「粛清」であったとさえ言っている。アレクサンドロスが彼らに対して行なった非難の核心が、「(彼らは）アレクサンドロスが生きて還ったことに絶望したのだ……実際、総督たちはインドへの遠征が長びくのを期待し、アレクサンドロスが多くの敵国人に敗北することを期待していた」[4]というものであったことを確認するのは、示唆的である。すべては、国王という個人をめぐって回っている。インドへの出発にさいして、アレクサンドロスは、背後に、副王も、総督たちを監視したり彼らの失政や横領を罰する任務を負う「宰相」も、置かなかった。彼は、ごく少数の人間とともに国政を指導した。これらのうち何人かは、単にひとつの称号を保持しているだけであった。ギリシア人でカルディア出身のエウメネスは、「王の書記官長」であり、王の一番の親友であったヘファイスティオンは、「千人隊長《キリアルケス》」というアケメネス朝の称号を得ていた。ハルパロスは財政を担当していた。しかし、これらの称号は、国王があれやこれやのさいに彼らに与えようとした称号とはちがって、それ自身、はっきりと決まった中身をもっていない。「書記官長」という文民的な職務は、エウメネスが軍事遠征に加わるのに何の妨げにもならなかった。アレクサンドロスは、臨時の任務を、個人的な忠誠で王と結びついているおよそ一〇人ほどの、側近護衛官《ソーマトフュラケス》にゆだねるのを好んだ。インドからの帰還途中で彼が知った状況に直面して、アレクサンドロスは、当然にも、行政上の改革は推進せず、責任者を更迭し、自分が個人的に信頼している仲間に置き換えたのであった。そのときから、征服という事業全体に、根本的なもろさが生じることが理解されよう。直接支配している国々の内部においてさえ、帝国の一体性は、もっぱら、もしくはほとんど、王個人に付随した概念なのである。王の不在期間における多くの総督や行政官の行動（前三二五年、財務官ハルパロスの横領と逃亡）を考えると、征服者アレクサンドロスが死んだのちの帝国のゆくえに関しては、悲観的にならざるをえない。

2　間接統治の地域

多くの行政区域が直接統治をまぬがれて独立もしくは自治を守ったが、これらは権利として保証されたところもあり、単に事実としてそうなったところもあった。これは、こうした区域に、アケメネス朝によって認可承認された地位をアレクサンドロスが認めたためか、あるいは、征服という事業が不充分だったので総督の統治が名目上のものになってしまったためであった。

まず第一に、いくつかの地域は、厳密に言うとアレクサンドロスに征服されたのではなかったが、総督管区に格上げされた。カッパドキアとアルメニアとがこれにあたる。前者は前三三三年に、アレクサンドロスの進軍によって、正確に言うと、「隅っこを落とされ」たのであった。アレクサンドロスに任命された（イラン人？）総督は、前三三三／二年、ペルシア人が反撃してきたときに、姿を消してしまった。前三二三年に、カッパドキアは、マケドニアの統治を逃れ、おそるべき軍事力をたくわえたアリアラテス王朝に支配された。アルメニアはといえば、アレクサンドロスが、前三三一年に、イラン人の総督ミトレネス（サルデイスの砦の前司令官）を送った。この人物は、この地を統治することができなかった。というのは、前三一六年には、アケメネス朝の前総督がずっとここに住んでいたからである。

理論上は総督管区に含まれる他の地域は、現実には、従来からの指導者の支配下にあった。パフラゴニアがこれにあたる。この国には、部隊を派遣するという義務しかなかった。なぜなら、前三三三年に、アレクサンドロスによって免税措置をほどこされていたからである。ビテュニアも同じであった。この国は、フリュギア＝ヘレスポントスの総督が繰り返し攻撃をしかけたにもかかわらず、独立を維持することができた。小アジア南部のピシディアやイサウリアの小都市が独立を維持・奪回しようとしていたのを付け加えるならば、総督の権威は、アナトリア〔小アジアの異名〕の重要部分で無にひとしかったことが理解されよう。

その他の地域は、法的には、総督の影響圏外に位置している。キュプロスと〔北アフリカの〕キュレネーとは、帝国には含まれなかった。前者は固有の都市と国王とを保持する一方で、アレクサンドロスとはきわめて良好な関係を結んだ。キュレネーは前三三一年、アレクサンドロスが〔リビア砂漠の〕シウァのオアシス方面に旅行したときに使節を送った。王との関係は、同盟条約によって明示されていた。したがって、キュプロスもキュレネーも、前三二三年と前三二一年の総督管区の再編成には含まれなかった。フェニキアの諸都市は、自分たちの国王と固有の国制とを維持していた。ただし、シドンでは、アレクサンドロスは親ペルシア的な国王ストラトンを、もっと協調性のあるアブダロニュモスに置き換えた。この人物は、おそらく有名な「アレクサンドロスの石棺」をつくりあげた芸術家たちのパトロンであった。そのうえ、フェニキアの諸都市は、貢税を支払い、部隊を派遣する義務があった。ある意味では、これらの都市の地位は小アジアのギリシア系都市の地位と似ていなくもない。

したがって、行政区域の地位は、多様で、変わりやすく、ときには明確でないことさえあった。インドは、同じ行政区域の内部に多様な地位が存在していた典型例である。征服されるにつれて、インドは、次々と三つの総督管区に分割された。すなわち、上インド（前三二七年）と、中インド（前三二六年）、下インド（前三二五年）であり、遅くとも前三二五年までに、前者の二管区は統合されて一管区にされた。(5) アレクサンドロスは、ここでは確かに、アケメネス朝の管区（すなわち前四五〇年の第七、第十五、第十七管区）をそっくり引き継ぐことはしなかった。しかし、この管区の枠の内部では、シシコットスやアクフィスほか、多数の小君主が独立を保っていた。その行政区域が一時的に、中インドの管区内に含まれていたタクシレス王の、あるいはもっと正確に言うと、タクシレスの状況はかなり例外的である。すなわち、総督フィリッポスの死後（前三二四年）、彼は総督の権限を引き継ぎ、軍事権は一マケドニア人にゆだねられた。したがって、タクシレスは、君主にして同時に総督だった。これはちょうど、アダが前三三四年から前三二六年ごろまでカリア地方の君主で総督だったのと同じである。そして最後に、二つの王国が総督管区の外側に存在していた。これが、カシミールのアビサレスの王国と、ヒュダスペス川の戦いの敗者であるポロスの王国である。前者は、上インド総督管区のタクシラの総督に租税を支払っていた。後者はというと、彼も自分の王国のなかで、アレクサンドロスの私的代理人という役割を果たしていた。ある意味では、彼は称号をもたない総督なのであった。昔からの指導者や行政担当者を残しておくほうが、マケドニア人をそうした地域に押しつけるよりも好ましいということを、アレクサンドロスはしっかりと理解していた。これが間接支配の基本的な原理である。

3　ギリシア系都市の場合

従属の形態がきわめて不明瞭ななかでもとりわけわかりにくいのは、アレクサンドロスによって「解放された」小アジアのギリシア系都市と、コリントス同盟という枠の中で原理的にはアレクサンドロスと「同盟している」ヨーロッパ〔ギリシア本土〕の都市である。遠征途上におけるアレクサンドロスのやり方は、それぞれの都市が彼に対してとった姿勢に応じて、まことに多様なかたちをとった。しかし問題は、アジアのすべてのギリシア系都市に、あるいはアジアの都市にもヨーロッパの都市にも区別なく適用される規定を、アレクサンドロスが時に応じて命令したかどうかを正確に知ることにある。この問題については、多様な側面がある。すなわち、都市と総督との関係はどうだったのだろうか。アジアの都市はコリントス同盟に含まれたのだろうか。これらの二点については、多くの異論があることを言っておかなければならない。

エジプトからの帰路（前三三一年春）、アレクサンドロスは、テュロスで財政管理上の改革を決意した。[6] イッソスの戦いの前に逃げ出していたハルパロスを呼び戻し、財務官の地位に再び据えた。これと並行してコイラノスがフェニキアにおける貢税徴収の任務につけられた。フィロクセノスは、小アジアで同じ任務を引き受けた。彼の仕事は、「報復戦争」を続行するため、ギリシア系都市によって支払われるべき分担金を集めることであった。各都市は、王の財政当局に何タラントンかの貢税をバラバラに送ることはできなかったのである。フェニキアの都市も同様であった。これらの都市は、シリア総督の管轄下にはなく、コイラノスを経由して税を支払わなければならなかった。このようにして、相矛盾する二つの要求が併存していた。すなわち、フェニキア都市も含む諸都市は直接は総督に従属していなかったか、あるいはもはや従属してはいなかったので、その自治を尊重しなければならないという配慮と、王とその行政機関は分担金《シュンタクシス》や貢税《フォロス》の徴収と輸送とに気を配らねばならないという必要性とが、併存していたのである。こうした組織のあり方は、前三三〇年春まで続いた。この年に、ギリシア人の増援部隊がギリシアに送り返され、これと並行して、アレクサンドロスは、ギリシア系都市が「自発的に」支払うべき分担金を、もはや要求しなくなった。しかしながら、たとえマケドニアの命令がギリシア系都市内で通りにくくなっていても、フィロクセノスは、その都市に介入する権利を保持していた。遠征のあいだずっと、名目上は自由であったギリシア系都市は、上級の権威によって制約を受けていたのである。

さらに複雑なのは、小アジアの都市がコリントス同盟に所属していたのかいなかったのかという第二の問題である。(7) いくつかの島(キオス、レスボス)は属していた。現存の史料では、小アジア沿岸部の都市についてはは判断しえない。いずれにせよ、同盟の権限や職権がすぐに過去の遺物の線にまで押しやられてしまったことを考えるならば、法制的な問題は、古代の歴史家の興味をあまり引かなかったのであろう。ヨーロッパから出発するにあたって、アレクサンドロスは、同盟の内部で自分の代理者となる権限をヨーロッパ担当の将軍アンティパトロスに委任していた。だが、この委任された権限は、遠征中、二度しか活用されなかった。前三三二年、アレクサンドロスの勅令がキオスの状況を決定した。この島は、前三三三年に、ペルシア人によって再び征服されてしまった。つまり、寡頭派によって再び支配されたのである。勅令のなかには、裏切り者(寡頭派)を同盟の規約に従って同盟会議に裁かせる、という規定があった。もうひとつは、前三三三年にアギス三世に勝利したのち、アンティパトロスがスパルタの運命を同盟の決定にゆだねたことである。だが、これらの介入の限界を強調しておいたほうがよい。すなわち、前三三二年のキオスに関する勅令は、この都市に守備隊を駐屯させるという、アレクサンドロス一人によって決定された文言を記載していたからである。前三三一年、同盟会議は、スパルタに関する措置を決定して、アレクサンドロスに報告している。すなわち、〔アレクサンドロスの意思と〕まったく矛盾のない立場の表明である。というのは、同盟評議員たちは、結局のところコリントス同盟が、その時どきの利害に応じてしか動かない王にとっての、便利な「パイプ役」でしかないことをよく知っていたからである。

前三二四年にアレクサンドロスが行なった決定は、都市内部に介入するという彼の強権ぶりを見事に説明している。この年のオリンピア競技会で、彼の使者ニカノールは王の声明文を読み上げた。それによれば、各都市は、その追放者を呼び戻さなければならなかった。この決定には特別の重要性があった。というのは、追放者や逃亡者は、前四世紀のギリシアにおいては何千名と存在していたからである。彼らがまた戻ってくるということは、じつにデリケートな問題をひきおこした。とりわけ、没収された不動産のあるところへ戻ってくることが問題であった。そのうえ、王の命令は、アテネの軍事植民者《クレールーコイ》に譲られた土地を、〔この土地から〕追放されたサモス人に返還するようにとアテネに命じていたし、アイトリア人にはオイニアダイをアカルナニアに返還するように命じていた。重要なことは、王の勅令がコリントス条約の条項のひとつと正式に一致しているかいないかを知るだけでは充分でないことである。実際、それぞれの都市に適用された告示は、勅令を参照してつくられた。それゆえ、勅令は法としての力をもったし、もっと正確には、都市の立法者たちにとっては強制的な意味をもったのである。王が、言うことをきかない都市を力で従わせるようアンティパトロスに命じた勅令の法的な側面を強調するのは、無意味である。

アレクサンドロスが新たに遠方（アラビア）への遠征にまさに乗り出そうとしたとき、目標とされたのは、「各都市内で革命や蜂起が起こったときのために、一身を捧げる多くの味方」（ディオドロス）を用いて、都市の内部に平和を確立しておくことであった。この計画は全体的としては失敗であった。〔王に対する〕不満がかなりの割合を占めた。とくにアテネでは、すでにハルパロスの事件(8)後の騒然とした状況のなかで、かなりの不満が渦巻いていた。アレクサンドロスの死の直後、ギリシアで起こった蜂起が、暴力的で比較的まとまっていたことの主要な理由のひとつは、このような不満にあったのだが、この蜂起は、アテネでひそかに何か月も前から準備されていたのであった。

Ⅱ　領土の支配と住民への監視

1　「平和の回復」と「秩序維持」

これほど広大な領土を征服すると、やはり、警察という問題がもちあがった。小アジアの総督たちが進める「秩序維持」の作戦が、その証拠である。小フリュギアの総督カラスが、前三二七年の直前に、ビテュニアの領主バスとの戦いで行方不明になり、彼の同僚でキリキア総督のバラクロスも、前三二三年の直前、イサウラとラランダの町々に対して遠征を行なっていたときに、同じ運命をたどった。この二人の例は、アレクサンドロスの通過後、マケドニア人が領土と住民とを支配するのは困難であったことを示している。アレクサンドロスは、とくに小アジアでは、正式の降伏を受け入れるだけで満足していたのであった。課題は二つあった。すなわち、「反抗した」地域を最終的に屈服させること、そして、ここで実現した征服を少なくとも守ることであった。すでに見てきたように、この任務は、西方の管区では総督たちに、東方の管区ではマケドニア人の軍司令官たちにまかされていた。このため、各総督は、少なくとも前三二五年までは、マケドニア人とギリシア人傭兵からなる占領軍を用いた。この年に、アレクサンドロスは熟慮のうえで、総督たちが自分で徴集した傭兵を解雇するよう、彼らに命じたのである。これらの軍隊の一部は、総督管区の首府や孤立した砦、ときにはギリシア都市内に駐屯した守備隊のなかに宿営していた。さらに何人かの総督たち（とくに大フリュギアのアンティゴノス）は、戦略上の基幹ルートを守るという責務を負っていた。これらのルートは、ギリシアやマケドニアから作戦区域に合流するためにやってくる援軍に開かれていなければならなかった。

2 都市建設と住民の支配

東方では、都市建設がとくに優遇されて進められた。それは、冷酷に征服した地域にマケドニアの支配を確立するため、本来の意味での都市という形や軍事的な植民都市の形で進められた。そもそも、アレクサンドリアという町は、エジプトのアレクサンドリアを除いて、ティグリス川の東には存在しないのだろうか。プルタルコスによって伝えられた古代の伝承によれば、アレクサンドロスは七〇の都市を建設したという。この数字は明らかに誇張されている。なによりもまず、実際には、多数の都市が彼の後継者によって建てられたからであり、他方、ギリシア人の著作家がある程度の数の駐屯地や軍事植民都市を「都市《ポリス》」と呼んだからである。とりわけ、古代の著作家によって伝えられた思考体系のなかで、都市建設が主要な論点を構成しているという事実を考慮にいれなければならない。すなわち、著作家たちはすべて、アレクサンドロスを、ディオニュソス神にならって、偉大な「征服者にして文明の伝達者」

というイメージで描くことに気を配っているのである。[9] あらゆることを考慮に入れると、建設された都市の数は、おそらく、七〇ではなく、むしろ二〇足らずであろう。[10]

通常、これらの建設には、三種の機能が割り当てられる。すなわち、軍事上の防衛、遊牧民の定住、経済的な機能の三つであり、これらの三機能は、時には同じひとつの都市のなかにまとめられている。現実には、中東でマケドニア人によって計画実行された定住化の例は、存在しない。[11] そのうえ、征服の途上でアレクサンドロスのいだいていた動機は、何はともあれ、軍事的な秩序であった。たとえいくつかの都市が、戦略的にも優位で、アレクサンドロスの考えでも商業的な中心になるだろうと思われていたとしても、軍事的秩序こそが重要であった。[12] 以下の二例をあげるのが適当と思われる。

前三三〇年のアレイア、ドランギアナ、パラパミサダイの各地方へのつらい遠征の途上で、アレクサンドロスは次々と四つの都市を建設した。アレイアのアレクサンドリア、ドランギアナ（もしくはプロフタシア）のアレクサンドリア、アラコシアのアレクサンドリア、コーカサス山麓（もしくはヒンドゥークシュ）のアレクサンドリアである。アレクサンドロスがすでにインドへの遠征を準備していた時期のこの四都市の建設は、まぎれもなく軍事的な目的をもっていた。すなわち、アフガニスタンの山塊を取り囲み、交通の要路を確保するという目的である。コーカサス山麓のアレクサンドリアは、とくに都合のよい場所にあった。というのは、ここでは東北のハーワクからのルート、西のバーミヤンからの隘路、南東のハイバルの峡谷路という、三本のルートが交差していたからである。結局、ルートの交差点という切り札のおかげで、この都市は商業の一大中心地となったのだが、このこと自体は前三三〇／二九年にアレクサンドロスがもくろんだ第一目標ではなかった。この年以後、彼はパンジャブへと下っていくための理想的な基地となる都市をひとつ建設した。ヤクサルテス川（シルダリア）沿いのアレクサンドリアを建設したのは、まさしく前線を守るためであった。この都市は象徴的に「さいはての《エスカテー》」という名前をつけられた。アレクサンドロスの動機は、アッリアノスによってはっきりと伝えられている（第Ⅳ巻一章三―四節）。

「アレクサンドロスはタナイス川のほとりに町をひとつ建てて自分の名前をつけようと望んだ。この地には大きな町を建てることができそうだし、もし必要とあればスキュティア人を追いかけるのにも、また川の向こう側に住んでいる蛮族の侵入に対してこの地域を防衛するのにも都合がよいと思われたからである。……二〇日間のうちに、彼は計画したとおりの町を城壁で取り囲んだ」。

ソグディアナとバクトリアへの監視は、これ以外に都市を一〇ばかり建設することで、さらに確実となった。フランスの考古学者によって発掘されたアイ＝ハーヌムの遺跡は、おそらくアレクサンドロスの時代までさかのぼることができる[13]。近隣のアラブ人との戦争を心配して、前三二四年には、ペルシア湾奥にも砦を築いた。その他の要塞都市の建設や守備隊の配置は、インドで知られている。すなわち、アケシネス河畔のアレクサンドリア、アケシネス河口のアレクサンドリア（ここでは商業的な関心も同じように存在した）、ソグドイ人の王城に建てたアレクサンドリアなどである。同じように、アレクサンドロスは、ムシカノス王の都にも防備をほどこした。というのは、「この都市の位置がその周辺に住んでいる人びとを監視するにはきわめて適切であると思えたからである」。同じように、メディアも「周辺に住んでいる蛮族住民を威圧するためにギリシア都市」(ポリュビオス第X巻二七章)で取り囲まれた。かくして、前三二四年から前三二三年の冬にかけて、コッサイオイ人に対する遠征ののち、アレクサンドロスは「この国の最も強力な地域にかなりの数の都市を建設した(14)」。

III 征服と「経済的な発展」

領土がどのように統治され、住民がどのように支配されたのかを詳しく見ようとするならば、帝国の経済生活や生産関係、生産者の地位および状況が分析されなければならず、調査はかなり緻密になろう。アレクサンドロスの伝承を残した古代の歴史家たちは、実際には、このような問題には関心をいだかなかった。そこで、われわれは、征服に関する物語のなかに散らばっている情報を拾い集めなければならない。基本的な課題は、アレクサンドロスが、現実に征服した領土を開発し、利用するという一貫性のあるまとまった政策を思いついて実行したのかどうか、既存の構造を改革・改善しようとしたのかどうか、を知ることにある。この点については、何人かの学者が、アレクサンドロスを「偉大な経済専門家」(J・ケールストやR・コーアン)もしくは「すぐれた経済専門家」(Ul・ヴィルケン)として描いている。すなわち、新たに交通路を開き、農業生産力を増大させ、当時まで「停滞」と同義の自然経済のもとにあった地域を、「進歩」と同一視される貨幣経済圏に入れるなど、領土の開発利用と隷属農民層の解放という政策に、決定的な影響を与えたのだとされている。このような、アレクサンドロスによる植民地経営という描写は、一部は、〔一九世紀プロイセンの歴史家〕ドロイゼンその人にまでさかのぼる(15)。こうした見方は、両大戦間のヨーロッパの歴史学者や地理学者によって定説《ドグマ》とされ、今日まで消えていない(16)。それゆえ、この課題を研究するにあたっては、まず十九世紀と二十世紀の自由経済という概念から離れる必要がある。さらに、この問題は、アレクサンドロスだけに関して提起されるだけではいけない。これは、可能な限り、アジアの農村地帯に住む大衆の問題でもある。すなわち、彼らにとって、「領土の開発利用」もしくは「征服の恩恵」が具体的に何を意味するのかが問われなければならないのである。

1　開発と利用

乏しい史料から明らかになるのは、地域を踏査し、生産物の目録をつくるよう留意しているアレクンサンドロスの姿である。ここには、彼が文通をつづけていたアリストテレスの影響を見ないわけにはいかない。アレクサンドロスは、戦う前に地形上の情報を収集し記録する、測量官《ベマティステス》という係を帯同していた。他方、アレクサンドロスは、発見や再発見のための探検隊を数多く派遣したことでも知られている。すなわち、ペルシア湾をネアルコスが探検したが、これは、ペッラのアルキアスやタソスのアンドロス、テネスまたヒエロンによって、前三二三年の同じペルシア湾のアラビア海岸沿いの探検にひきつがれたし、前三三一年には、上ナイル方面にカッリステネス（アリストテレスの甥）の探検隊が送られた。同じく前三二三年には、カスピ海方面に探検隊が派遣された。これらすべては、発見された国々の住民や生産物に関して、王に報告をするためのものであった。同様に、前三三〇年にスキュティアに派遣した使節には、アレクサンドロスは、「この国の地形を調べてくること」という任務を課した。

これと並行して、アレクサンドロスは、征服した国々の生産物を知ろうとした。ゴルゴスという「鉱山専門家」は、インドのソペイテス王の国にあった、塩や金銀などのかなりの量の資源について、王に報告している。王はまた、植物相や動物相に関しても問い合わせている。前三二七年に、彼は、アスパシオイ人のところで捕らえたばかりの雄牛の大群のすばらしい見本をマケドニアに送っている。

しかし、「開発利用」という章にいつも入れられるこの最後の例では、まさしくこのような表現がいかがわしいことが示されている。なぜならば、実際には、これは、マケドニアのためだけの利益という特徴をもった略奪行為だからである。このいかがわしさは、アジアにおけるアレクサンドロスの位置そのものがもついかがわしさでもあった。ペルセポリスで、パルメニオンが、すでにアレクサンドロスに帰属しているものを破壊しないよう忠告したとき（前三三〇年）、彼は、最終的には征服であるべきはずのこの占領のもつ矛盾性を、完璧に指摘したのである。生活物資のたくわえも利用せず、補給サービスも受けずに、アレクサンドロスは、この国で生きていかなければならなかった。別言するならば、農民を犠牲にして生きていかなければならなかったのである。マケドニアとギリシア系都市からの財政的な貢献は、必要経費にくらべるとまったく不足していた。アケメネス朝の国庫を奪取することでとりあえず引き出された資金は、スサとペルセポリスとパサルガダイで一七万六〇〇〇タラントンであった。しかし、支出は、兵士や隊長たちへの贈与だけで五万タラントンに達し、これに兵士への俸給、前三二四／三年の艦隊建造費用など、軍事的な出費が加算された。その結果、前三二三年には、ユスティヌスによれば、金庫には五万タラントンしか残っていなかった。

「決まった」収入は、アケメネス帝国下におけるように、まず、土地からの収入であった。王は、王家の行政官によって直接管理される「王領地」と、種々の徴収が認められる「貢納地」とを所有していた。王の農民は、ヘレニズム時代にはラオイ＝バシリコイと呼ばれ、余剰生産物を、毎年、王の行政官庁に納めていた。彼らはまた、労役を提供しなければならなかった。一万名のアッシリア人の男たちが、前三二三年、パッラコパスの運河を掘るためにバビロニアの総督によって動員され、いやいやながらこの仕事についたのは確実である。アケメネス王国とまったく同じアレクサンドロスの王国の概要を描いたアリストテレスの名で伝わる『経済学』という小品のなかで、総督のきわめて重要な仕事が税の徴収であると言われているのはまさに特徴的である。総督は六種類の税を徴収しなければならなかった。なかでも最も重要な税は、農業生産物にかけられていた。同書や、他の古代のテクストは、アレクサンドロスの多くの総督や行政官の財政管理について述べているのだが、彼らの徴収が暴力的だったことを長々と語っている。すなわち、総督たちが自分の資産を増大させる必要のないときには、略奪や財産の強奪、恐喝、食糧市場への投機が、王の収入をふやすために、比較的よくとられた方法であったようである。

いつでもどこでも、アレクサンドロスは、土地や人間に関する王の伝統的な権利を、充分に行使しようとしていた。前三三四年の五月から、彼は、ペルシア大王の土地に君主としての支配権（三八〜三九頁）

を主張するように心がけていた。軍事的に征服することと、農民大衆の剰余生産物を独占的に掌握することとは、現実には同時に進行した。グラニコス河畔での勝利の直後、「住民たちに、ダレイオスに支払ってきたのと同じ税を支払うようにと命令して」（アッリアノス第I巻一七章一節）、王は、ヘレスポントス側のフリュギアに、マケドニア人の総督をひとり置いた。彼は、何らためらうことなく、ギリシア系都市の財政的な利益を犠牲にして、この政策を適用した。また、彼は、〔小アジア西岸の都市〕プリエネのある土地を自分のものだと公然と宣言して、取り戻した。「この土地は余のものである」と、彼はこの都市に書き送った。この文言は、ダレイオス大王から総督ガダタスに宛てた書簡のなかに見出される。同じように、東部イランの新都市の建設にあたって、王の土地は寸断されてしまったのではなく、まったく反対に、『経済学』（伝アリストテレス）が王室の経済と述べている再活性化をもたらしたのである。[17]実際には、王の利害とヨーロッパ人入植者との利害とはつながっていた。本来の意味での都市、守備隊などは、平地とその農村住民とを支配するために必要な網の目状の監視所を形作っていた。したがって、王が入植者や兵士たちに王領地の一部の使用権（結局減らされたのだが）をゆずると同意したことは、王にとってはわずかな犠牲であった。植民地化と農村部の従属とは、弁証法的にむすびつけられた二つの行為であり、これは、征服と経済的な開発と同じ関係なのである。[18]

2　戦争と平和

アレクサンドロスの政策の特徴として一般に考えられているアジアの開発利用という試みのなかで、

さらに難しいのは、「民事的な」目的と軍事的な目的とを区別することである。すでに述べた、都市の建設というケースは、ほとんどの場合、軍事的な意図が優先されていることを示している。探検行にも同様の意図がある。アレクサンドロスがヘラクレイデスをカスピ海方面に派遣したのであれば、少なくとも前三二九／八年以来、彼が、スキュティアから黒海方面に、みずから乗り出す探検隊を計画していたということになろう。前三二四／三年に、ペルシア湾に送られた探検隊の指導者たちが第一の任務と心得ていたのは、アラビア沿岸に計画されていた軍事遠征の可能性と困難性とに関して、アレクサンドロスに情報を持ち帰ることであった。彼らは、戦略的な地点に前哨を残すという任務も負っていた。それゆえ、探検は、アケメネス朝におけるように「征服の序曲」であると言える(19)。

アレクサンドロスによって着手された大きな仕事を、それ自体、「経済的な発展」を意図していたと結論づけるために列挙するだけでは充分ではない。たとえば、王の農民による仕事のおかげで実現したバビロニアの運河の浚渫《しゅんせつ》でも、実際には、軍事的な目的が優先されたのである。アレクサンドロスの関心は「有能な統治者」たちに特有のものである、と〔ヘレニズム・ローマ時代の地理学者〕ストラボン（第XVI巻一章一〇節）が言うとき、それはメソポタミアとヘレニズムの君主に共通のありふれた考え方を表わしているにすぎないのである。現実に、浚渫が企画された前三二四／三年には、その目的は、アラビア方面への探検艦隊を海まで通すことであった。ペルシア当局によって、毎年オピスまで設置されていたティグリス川の一時的な仮堰を破壊したこととと、バビロンに軍港を建設したこととは、まさしく同じ状況のもとで理解されなければならない。したがって、アレクサンドロスの目的は、大地を灌漑で潤すことではまったくなかった。ペルシア湾のアラビア側沿岸を征服するための兵站上の前提条件をつくりだすことだけが重要だったのである(20)。

3　商業の拡大と「王室の経済」

アレクサンドロスの政策の個々の局面は、計画がきわめて大きな統一性をもっているので、注意深く調査をする価値がある。前三二六年から前三二三年にかけての時期に行なわれた、ペルシア湾とインダス川への度重なる探検行が重要である。というのは、これらは共通の目的をもっていたからである。すなわち、重要な天然資源と、切り札になる商業的価値とをもった豊かな地域を再発見し、活用するという目的である。

ヒュファシス川のほとりで自軍が騒擾事件を起こした（前三二六年）のち、アレクサンドロスは、ヒュダスペス川で二〇〇〇隻の艦隊を建造させた。ヒュダスペス川とインダス川とを下るのは、前三二六年の十一月から前三二五年の一月にかけてである。アケシネス河口のアレクサンドリアをはじめとする多くの都市が造られた。この河口のアレクサンドリアはまさしく大発展をとげる港である、とアレクサンドロスは考えていた。インダス川のデルタ地帯では、彼の司令部となったパタラが、しっかりと防備をほどこされた。ここには、港と造船所とが開かれた。アレクサンドロスは、外海へ調査団を何度も派遣した。そこでは、潮の干満に、ギリシア人たちは驚いたのであった。

帰還は三種類のルートを通って行なわれた。クラテロスは、北からアラコシアに到達するという任務を負った（前三二五年七月）。アレクサンドロスは、ガドロシアとカルマニアの沿岸づたいに戻ってきた。ネアルコスは、艦隊を率いてペルシア湾の東岸をさかのぼることになっていた。アレクサンドロスとネアルコスとの進路は平行していた。アレクサンドロスの主たる目的は、途中に港を見つけ、ネアルコスの水兵たちが補給を受けやすいように、食糧と水の保管所を造ることであった。というのは、沿岸は、とても人を寄せつけないところだったからである。ネアルコスにゆだねられた任務は、沿岸部やその住民、錨泊地、水の補給の可否、それに地方の産物を調べることであった。前三二四年一月の終わりになって、ネアルコスとアレクサンドロスとは、低地バビロニアの南部で最終的に合流し、ネアルコスは王に報告をしたのであった。

一年後、バビロンで海上の計画が再び取り上げられ、展開されることとなった。一〇〇〇隻の船を収容できる港がひとつ建設された。フェニキアに出向していた船々で艦隊がひとつ造られ、ユーフラテス川をさかのぼってタプサコスに着き、さらにバビロンまでやってきた。乗組員はフェニキアの町々で徴集された。

「アレクサンドロスの計画はペルシア湾沿岸と島々とを植民地化することであった。実際、彼はこの地方がフェニキアと同じように豊かになるであろうと考えていた。彼の海上での準備は、現実には、アラビア人に敵対するものであった。すべての民族のなかで、彼らだけが、自分に使節を送ってよこさなかったという口実をつかったのである。わたしは、現実には、彼が新たな征服を渇望していたのだと思う(21)」。

これ以上、うまい表現はないであろう。さらにアッリアノスは、アレクサンドロスがあらゆる種類の香料（没薬、乳香、ナルド香油、カッシー香料など）の産出国の富に惹かれたことに注目している。そのうえ、沿岸部は広く、すぐれた錨泊地や港をそなえ、繁栄した島々に囲まれていた。こうしたすべてのことを、アレクサンドロスは、探検隊長たちからもたらされた報告のおかげで知ったのである。アルキアスは、テュロス島（バーレーン）まで航海し、アンドロステネスとその次のヒエロンは、アラビアを周回する航海という任務を負っていた。しかし、ヒエロンは、補給を受けることができないのではないかと恐れて、ペルシア湾の入り口で止まってしまった。アラビア沿岸の富を独占すること、これが、計画された探検の第一の局面である。

一見したところ、ペルシア湾におけるアケメネス朝の政策が長く尾を引くように続いていると考えがちである。前五一八年、インダス川とガドロシア地方とを征服したのち、ダレイオス一世は、インダス川の港から偵察艦隊を送り出した。艦隊の団長のひとりは、〔カリア地方の〕カリュアンダ出身の、スキュラクスというギリシア人であった。「彼らは川を下り、明け方に日の昇る方角に向かい、海に達した。ついで日の没する方角へと海上を航行し、三〇か月のちに、エジプト王がリビアを偵察させるためにフェニキア人を送り出した（このことはすでに述べた）まさにその場所に到着した。彼らがこの大航海を遂行したのちに、ダレイオスはインド人を従え、この海洋を利用するようになった[22]」。ヘロドトスが書いているように、このときから、ペルシア湾は「ペルシアの海」となった。どうやらこの年に、ダレイオスは、ナイル川と紅海とのあいだに運河を開削させたらしく、この大王の布告によると、税は海上路を通って、直接ペルシアまで送られるはずであった。

しかしながら、利用できる史料が乏しいので、ダレイオス一世からアレクサンドロスまでを直接つなげるのは、いささか危険であることを認めざるをえない。一方では、すでに見たように、ナイル川とスサとのあいだを定期的に直接結びつける交通路は、まだ布告の段階であったし、他方、ペルシア湾にペルシア人がいたことに関しても、史料上の裏づけがきわめて乏しいのである。インドとバビロニアとのあいだにおびただしい物流の交換が存在していたと仮定できるにしても、文書史料からも考古学資料からもその規模や性質を推し量ることはできない[23]。しかしながら、アレクサンドロスのものとされる計画は、ペルシア沿岸と同様にアラビア沿岸においても、物流の交換がなされている港の存在が前提とされている。最も重要な港では、バーレーン島（テュロス）、都市ゲッラ（もう少しのちの時代になってはじめて確認される）、ペルシア湾奥の小島イカロスとディリドティスが挙げられよう。アレクサンドロスがアラビア沿岸を「あらたなフェニキア」にしようとしたのは、まさしくこの富によって説明される。しかしアレクサンドロスの死で、これらすべては、ご破算になってしまった。後継者たち（アンティゴノスとデメトリオス）も、ヘレニズム時代の諸王（プトレマイオス朝とセレウコス朝の）も、アラブ人を直接支配することはできなかった。アラブ人たちのある者（ゲッラ人）はペルシア湾に、他の者（ナバタエ人）はパレスティナにいて、収益の多い香料の取引からもたらされる利益をひとりじめしていた。

いずれにせよ、「経済」という用語を古代ギリシアに固有の意味に取らないとすれば、アレクサンドロスを（もちろんダレイオスも）、彼に帰せられる計画を理由として「見識ある経済専門家《エコノミスト》」と呼ぶことはできない。ギリシア人にとって、経済とは家計という分野の経営のことであった。『経済学《オイコノミカ》』というタイトルをつけられたクセノフォンの小品（前4世紀前半）は、この意味においてのものである。アリストテレスの名で伝わる著作『経済学』がアレクサンドロスの王国について注意を向けていることは前に述べたが、これも同じ考えに立っている。用語のもつ近代的な意味における経済が重要なのではなくて、家計〔ふところ具合〕が重要なのである。「総督管区の経済」は、税の徴収にあった。「王室経済」はといえば、それは王家の関わる分野での財政管理のことであった。

「王室経済は、その活動範囲がすべてにわたっているが、四つの領域に分けられる。それによると、貨幣、輸出、輸入、支出である。これらおのおのの領域について考えてみよう。貨幣に関しては、その性質を決定し、いかなるときに強い価値もしくは弱い価値を貨幣に付与するのがよいかを言うのが重要である。輸出入に関しては、総督管区から定期的にもたらされる商品にはどんなものがあるのかを知らなければならないし、またいかなる時期に有利に処理できるかを知らなければならない。最後に、支出に関しては、耐えさせなければならない削減が何か、そしていつなのかを理解しなければならない。現金もしくは同等の価値の商品で支出を決済しなければならないとしても(24)」。

アレクサンドロスの「商業政策」の中身は、このようなものであった。彼は、新たに征服戦争を行なうことのできる資金を引き出すことを期待していた。これらすべてにおいて、経済的な発展という表現で理解されるような意味における発展という動機は、何ら認められない。経済的合理性は、貢納経済と戦争の経済という枠のなかに組み込まれているのである。このような考え方は、彼の貨幣政策のなかに示されている。アジアへの遠征時に、アレクサンドロスは、タルソスで貨幣を発行した（前三三三年春）。ついで、自前でフェニキアの造幣所を再開した（ミュリアンドロス、アラドス、ビュブロス、シドン、アケーで）。発行の可能性は、貨幣経済の浸透していないシリアやバビロニア、そしてイランにおいて、アケメネス朝の大宝庫を捕獲したことで、かなり大きくなった[25]。だからといって、貨幣経済はどこにでも行き渡ったのではなかった。これより前の時代と同じように、たとえばバビロニアでは、銀がいちいち重さを量って用いられ、また多くの地方では、遠隔地との交換経済とはずっと無縁のままであった。アレクサンドロスの貨幣政策は、二重の必要性に対応していた。まず、大勢の兵士たちに給料を支払わなければならず、さらに、戦費をまかなわなければならなかった。そのうえ、貨幣は、古代世界にあっては、刻印された〔君主の〕肖像のおかげできわめて重要な宣伝媒体であった。すなわち、王はいたるところで征服者という自分の業績を正当化し、高揚させるという、重要なイデオロギー的方針を押しつけることができた。実施された諸改革は、アジアとヨーロッパにまたがるマケドニア帝国の統一を推進するために、都合のよい手段となったにちがいなかった。だが、A・R・ベリンジャーに従って[26]、この政策は、彼の存命中は行なわれなかったことを強調しておかなければならない。地方独自の貨幣発行は、キリキアやバビロニアでは、前三三一／〇年以後も続けられた。ダレイコス金貨の発行も、東部イランでは、マケドニアによる征服まで続けられていたという可能性すらあるのである。

4　結論

アレクサンドロスによるアジアの開発政策全体についての評価を下しつつ、R・コーアンは、次のように書いている。「荒廃をもたらす厄介者として通過したすべての大陸で、彼は慈悲深い活動の跡を残そうと望んだ」。しかし、これは、両立しないものを両立させようとすることではないのか。アレクサンドロスを「すべての民族に対する強盗」であると糾弾することで、スキュティアの使節は、現実の姿をずっとよくわれわれに示しているようである。実際に、アレクサンドロスは、何よりもまず征服者、すなわち「略奪者」なのである。強奪は、彼にとって特典を与える獲得手段となっていた。すなわち、次の戦争を行なうことのできる特典をもたらす、今現在の戦争ということである。アラビアに対する遠征も、この定義にあてはまる。アラビアの天然資源と商業的利益を武力で強奪すること、そしてこの地を利用し、監督するための植民都市を造ることこそが、重要だったのであった。

交換行為から関税や税として天引きをしたり、農民の仕事に税を課すことは、略奪に同じというのも、まさしくそのとおりである。あれこれの方法で獲得された金銭は、王のものとなった。王は、それらを将軍たちや兵士、傭兵、行政官など、多くのギリシア人やマケドニア人に分配した。この金銭は、大部分ヨーロッパに流入した。たとえば、前三三三年から前三二四年にかけて、およそ二万名から三万名の傭兵たちが、黄金や戦利品をたずさえて故郷に帰還したのである。これは、マケドニア人の場合も同様であった。前三三四年から前三二三年にかけては、絶えず、アジアからヨーロッパに金銭が流れたのも確実である[27]。後年になってこの流れが（王たちとギリシア＝マケドニア人の半独占的な利益のために）反対になったことは、いずれにせよ、「アレクサンドロスの遺産」という仮説とは何の関係もない別のことである。

征服された諸民族のおもだった者たちだけが利益にあずかったが、彼らは、アケメネス朝の時代からすでに支配階級を構成していた。つまり、基本的にイラン人の貴族がアレクサンドロスのもとに集まり、彼から指揮権や総督管区の配分を受けたのであった。住民たちに対してふるわれた彼らの暴力行為は、マケドニア人の総督や行政官の暴力と、似たりよったりであった。

第五章　マケドニア人、ギリシア人、イラン人とアレクサンドロス

全篇がアレクサンドロスの栄誉に捧げられた修辞学のテクスト『アレクサンドロスの幸運と卓越性について』のなかで、プルタルコスは、比喩に富んだ生き生きとした文体で、アレクサンドロスがペルシア大王の公式の衣装を採用した理由を説明しようとしている。

「野獣の狩人は鹿の毛皮をまとう。鳥の狩人は羽根飾りのついた上着を着る。赤い服を着ているときに雄牛に、また白い服を着ているときに象に出会ったならば用心しなければならない。というのはこのような色はこれらの動物をいらだたせ、おびえさせるからである。大王が、まさしく動物のように強情で戦いにはやる民族をなごませ、手なづけるために、彼らの伝統的な衣服や日常生活の流儀を採用して、彼らを静め、押さえようと思いついたとしたら、いったいこの王は彼らの邪悪な性根に慣れきってしまい、かつまた残忍な性質に近づいてしまったのだといってこの王を責められようか。衣服を最小限変えることでアジアを勝ち得ようとしたその賢さを、むしろ褒めるべきではないのだろうか。彼が武力によって彼らの体をしたがえている一方で、衣服の着方でもって彼らの心を自分に引き付けていたのであった」(1)。

敗者への同化を受け入れ、なおかつ、側近の者たちにアケメネス朝の宮廷で定められていた儀礼を導入したというかどで、アレクサンドロスを非難責めにした自分と同時代の著作家たちに向かって、プルタルコスはこのように答えた。論争となる箇所以外に、このテクストでは、アレクサンドロスの武器のひとつがとくにきわだっている。それは、征服途上の帝国におけるエリートたちの協力である。彼らは、ダレイオスの帝国の背骨ともなる支柱を形作っていた、ペルシア人やイラン人の有力家系であるが、同時に、従属共同体の指導者たちでもあった。こうした政策はつねに意識されており、アレクサンドロスの戦略のなかで最も重要な一面を表している。

I　征服と参加、ならびに矛盾と対立

1　アレクサンドロスに立ち向かった帝国エリート――抵抗と参加

征服に対しては軍事的な抵抗が数多く、ときには長く猛烈につづいたが、これらの抵抗が、いずこにおいても同じ激しさと性質とをまとっていたのではなかったことは、前章ですでに述べたところである。ダレイオスとその部下は、アケメネス朝の君主権の原理を維持していた。それゆえ、アレクサンドロスが途中で出くわした敵対は、宗教的な性格のものであった。というのは、ダレイオス大王は、アフラ＝マズダ神によって規定された、神聖なる秩序の擁護者だったからである。しかし、イラン人貴族は、アレクサンドロスに敵対することで、自分たちの経済的地位と名誉ある地位がまずもって守られるのか、という悩みにつきあたった。早くも前三三四年の夏から、そのような構図が見られる。アレクサンドロスが都市サルデイスの領土の境界にやってきたとき、サルデイスの有力者たちと、この砦のペルシア人司令官ミトレネスの一行が、王を出迎えにきた。有力者たちは、アレクサンドロスに都市を明け渡し、司令官は、砦と都市の金庫とを譲り渡した。アケメネス朝の側の状況がまだまったく絶望的ではない時点で、なぜ、ミトレネスがこのような態度を表明したのかは謎である。ただ、こうした明け渡しは、征服者との合意ののちに実現されるとしか考えようがない。この代償として、ミトレネスは、アレクサンドロスから以下のような特典を手に入れた。「アレクサンドロスは、ミトレネスの序列にふさわしい名誉をあたえて、側近にとりたてた」(2)。アレクサンドロスは、それまで絶えず考えていた政策を、はじめて適用したのである。それは、帝国のエリート層を自分の味方に引きつけておくために、ペルシア大王のかたわらで彼らがかつてもっていた名誉ある地位をあたえる、という政策であった。ペルシア大王の帝国を長期間にわたって治めるためには、その家臣たちの賛同を得ておかなければならないことが、アレクサンドロスにはよくわかっていた。この家臣たちだけが、近東の伝統的な権力のなかに、アレクサンドロスをぴたりと位置づけることができたからである。ミトレネスの例は、アレクサンドロスが征服事業に乗り出す前に、すでにイラン流の政治を理解していたことを証明している。アッリアノスは、アレクサンドロスが「サルデイス人やその他のリディア人に、昔のままのリディアの法を有効とし、彼らに自由を認めた」と付け加えている。実際、この征服者アレクサンドロスは、以前からの状況を何ら変えなかった。アケメネス朝時代には、サルデイスは、すでに自分たちのなかから選んだ役人によって治められ、完全に組織された都市共同体だったのである。

古代の著作家たちによると、アレクサンドロスはエジプトとバビロニアではかなり楽に事業を進めることができた。というのは、ペルシア人はこれらの地では大多数の住民から圧政者と考えられていた、と記されているからである。たとえば、ディオドロスによると、「アレクサンドロスは一戦も交えずにエジプトの町々を手に入れた。事実、エジプト人はマケドニア人を喜んで迎えた。というのは、ペルシア人は神殿に対して不敬をはたらき、国中に冷酷な支配をしていたからである」（第XVII巻四九章一－二節）。だが、アレクサンドロスに解放者のイメージを与えるこの種の叙述には、注意しなければならない。ペルシア人がエジプトの宗教の迫害者であったとする古典時代の伝承には、エジプト自身の史料が反論をとなえている。確かに、前五二五年にカンビュセスに征服されて以来、エジプトは何回も反乱を起こす温床としてつねに知られてはいたが、占領者に対して挙国一致の反乱を引き起こすことのない、バラバラに孤立した温床であったことが、とくに重要である[3]。その一方で、エジプトは、前四〇四年～前三四三から前三四二年にかけて、ペルシアの支配を払いのけたのも事実である。それゆえ、アルタクセルクセス三世による再征服の記憶はまだ生きていた。にもかかわらず、エジプトでも他の国々と同じく、エリートたちは、その時その時の権力と協調することに、あらゆる利益を見出していた。アレクサンドロスに関心を示しながら、彼らが集まってきたのは、まさしくこの意味においてなのである。カンビュセスとダレイオスとが自分たちの時代に行なったのとまったく同じように、アレクサンドロスは、首都メンフィスのアピスのごときエジプトの伝統的な神々に、犠牲を捧げるよう心がけた。彼は、シウァのオアシスにアモン神の託宣を聞きに出かけ、また、最も有名なエジプトの神域（カルナック、ルクソール）では、神事を続けるようにと命令した。このようにして、彼は、神域の神官や行政官で構成される、社会的に影響力のある層の支持をとりつけたのであった。

バビロニアも、まさしく類似の例を提供している。ガウガメラの戦い（前三三一年十月一日）ののち、アレクサンドロスはここでイラン人の高官（マザイオスやバゴファネス）、ならびにバビロニア人の要人たちによって、盛大に迎えられた。市民や宗教者の代表に導びかれて、大群衆が、都市や砦、宝物を、アレクサンドロスに提供するためにやってきた。アケメネス朝の君主のように、アレクサンドロスは二輪の戦車に乗り、凱旋行進をして都市に入城した。ここでも、伝統の継続は強固である。というのは、前五三八年に、同じ儀式が征服者キュロスを迎えるためにとり行なわれ、この時代に起草されたバビロニア語のテクスト（キュロスの円筒印章）では、彼を解放者と表現してもいるからである。それにもかかわらず、アッリアノスは、アレクサンドロスがアケメネス朝の先任者との断絶をはかったと強調している（第Ⅲ巻一六章四節）。

「バビロン入城にあたって、アレクサンドロスはバビロニア人に、クセルクセスが破壊した神殿の再建を勧めた。とくにバビロニア人が最も崇めている神々のうちベロス神の神殿の再建を」。

実のところ、ここでも、クセルクセスがバビロニアの神殿の破壊を命じたというのは、アレクサンドロスの功績と人気を高めるために巧みにつくられた、きわめて疑わしい伝承に由来している。(4) 実際にあったのは、ペルシア人の王たちが自分の領地で行なったように、アレクサンドロスが土着の神々の好意を引きつけようと気を配ったということなのである。「アレクサンドロスはカルデア人にも会見し、バビロンの神殿のことで彼らが王に勧めたことをすべてとり行なった。とりわけ、彼らに教えられたとおりにベロス神に犠牲を捧げたのである」(アッリアノス)。都市の指導者やバビロニアの神殿の支持のおかげで、アレクサンドロスは、昔からつづくバビロニアの王権を通じて、自己の権力をおよぼすことができた。ペルシア大王がそうしていたように、彼はこの王権の称号を引き継いだ。この協調的態度は、マケドニア人の征服者に対する一時的な賛同や熱狂に基づいていたのではなく、ガウガメラの戦いののち結ばれた、ある協約に基づいていた。この協約は、近ごろ出版された粘土板文書のなかに見られる。(5) ペルシア人の支配者たちとバビロニア人の指導者層との利害が緊密に絡みあっていたために、すぐに消え去ることのない連帯感が生み出されたことは、明らかである。要するに、エジプトでもバビロニアでも、アレクサンドロスは、東方の征服者たちの伝統的イデオロギーに合わせるために、できることはすべて行なったのである。彼ら東方の征服者たちは、それ以前の支配者とはちがって、支配を確立しようとする国々の神域の保護者として、いつも姿を現わしていた。

地方貴族の気をひいて味方につけるという、前三三四年から展開されたイデオロギー戦略のなかで、前三三〇年五月に、ペルセポリスでアレクサンドロスが実行した破壊行為は、歴史家たちに問題を提起することになった。すなわち、すべての努力は補完しあう二つの目的に向かっていたのに、なにゆえ、アレクサンドロスはこのような決定をしたのであるか。その二つの目的とは、側近にペルシア人とイラン人の貴族を加えること、そして、ペルシア大王の権力と威光とを自分の側に取り戻すことであった。[6]もちろん、アレクサンドロスは、ペルシアによる帝国支配の重要な場所のひとつであり、とりわけ多くの従属諸民族の代表が大王に税や贈り物をもってやってきたペルシス（ファールス）地方の首都としてのイデオロギー的機能を無視してはいなかった。だから、それだけいっそう、この目につく決定は奇妙なのである。ペルセポリスは、明らかに特権的な場所であった。ここでは、ダレイオス大王の時代から、アケメネス朝の王たちが、大神アフラ＝マズダから直接手に入れたと主張する王権が、すべてにおいて表現されていた。[7]こうした観点から、ペルセポリスで新年祭《ノウルーズ》が毎年行なわれていたかどうかについて様々な議論がなされている。しかしこの論争は、前三三〇年一月にアレクサンドロスが到着したときに、彼が直面した問題とは何のかかわりもない。すなわち、パルメニオンが彼に進言したように、ペルセポリスの破壊は、味方につけたいと思っていたはずのペルシアの支配階級との断絶をもたらすかもしれなかったのである。正真正銘のアケメネス王であるダレイオス三世が、軍事状況を自分に有利なように逆転させる希望をまったく捨ててはおらず、メディアのエクバタナで新手の軍を準備していたまさにそのとき、ペルセポリスを破壊したために、アレクサンドロスの置かれた状況とイデオロギー的な立場は、かなり弱まってしまったのであった。

古代から伝わる次のような説を、誰も信じることはできないであろう。この説では、王宮の焼き打ちは、ギリシア人の名誉を回復することに夢中になっていたアテネの遊女タイスの願望を、王が酒の酔いに負けて受け入れて決定したことになっている。もうひとつの説は、アレクサンドロスによって熟慮された決定だったことを示しているというものであり、前説とは正反対に、明らかに信用度が高い。もっと後年に表明された政治的な悔恨からすると、この決定には相当な困難がともなった。というのは、アレクサンドロスは、そこに存在した矛盾に明らかに気づいていたからである。アレクサンドロスがこの決定をした動機に関して、ギリシア人に気に入られたいという願望があったということは、まったく何の重みももたない。王が、ギリシア人を喜ばせるような態度をとることを、けっして否定していなかったのは事実である。アジアのまっただなかにあって、彼は自分がペルシアへの復讐戦争という目的を捨てていないのだということをギリシア人に示していた（三九〜四一頁）。だが、前三三〇年春に、彼の主要な関心は、そこにはなかった。このとき、ギリシアは、アンティパトロスの厳しい監督のもとで、平穏であった。たとえペルセポリスの王宮炎上が、アケメネス帝国の支配を表わす象徴のひとつを消滅させてしまう効果をもったとしても、王は、そうすることで、東方の住民に対して、あるメッセージを送ろうとしていたのではないようである。エジプトでもバビロニアでも、他の中東の大国においても、この時期には、秩序を維持する上で大きな問題は生じていなかったのである。いずれにせよ、ギリシアもしくは中東の住民に対する宣伝の必要性はあったが、それは、イラン人貴族との絶縁という危険を冒してまでするほどのことではなかったのである。前三三〇年春の出来事が歴史的な重要性をおびたのは、純粋に、ペルシア（この言葉の厳密な意味において）との関係においてである。

アレクサンドロスがペルシス地方に到着してから王宮の焼き打ちまでの四か月間（前三三〇年一月〜五月）、彼は、ペルシア大王やアケメネス朝と特権的な関係をもっていたペルシア系住民の好意と支持とを、何とか取り込もうとしていた。ペルシア人全体と王家とは同じ民族文化をもつ共同体に属していた。ヘロドトスも、「王自身、ペルシア人全体のなかに包含される」と述べている（第I巻一三二章）。ペルシス（ファールス）は帝国の中心であった。すべての称号のなかで、ダレイオス一世は、「ペルシアの王」という称号を第一に冠していた。ここから、アレクサンドロスの困難さが生じる。すなわち、アケメネス朝の王権の皇帝的な属性を身につけることが比較的容易だったとすると、彼の仕事は、ペルシス地方でペルシア王として登場することになってすぐに、さらに困難になったにちがいない。アレクサンドロスは、ペルシア王となるよう、努力を惜しまなかった。パサルガダイ（キュロス大王が建設した町であり、アナヒタの神殿で王の即位が行なわれる場所でもある）を訪問した逸話は、このマケドニア人が、ペルシア人に向けて自分を認めてもらう道を増やしたことを示している。彼は、キュロス大王の墓に参り、その思い出にあやかろうとした。パサルガダイから戻ってほどなく、王宮に火をかけるとの決定がなされたとしたら、それは、古代の多くの史料も示しているように、ペルシア系住民の敵意がなくなっていなかったからなのである。「敗れた者たちの降伏はついこのあいだのことであり、彼らはこの新しい支配者を軽蔑していた」（クルティウス第V巻七章二節）。あるいは「現地住民ときわめて仲が悪く、彼らに対して不信感を募らせていたので、彼は、この都市を完璧に破壊しようと望んだのであった」（ディオドロス第XVII巻七一章三節）。アリストテレスの手によるとされるもうひとつの史料テクストには、ペルシア人の粘り強い政治的な抵抗を前にして、アレクサンドロスは、彼らをそっくり、リビアやヨーロッパへの流刑に処してしまおうか、と一瞬考えたとすら記されているようである。ついには、さらに後年のイラン系の史料テクストのなかに、この政治イデオロギー的な敵対の反響を見出すことができる。そこでは、アレクサンドロスは「宗教の破壊者」ないし「侵略者」として表わされ、この世にペルシア帝国が再び現われるのだという救済者のことばが記されているのである。このような状況において、アレクサンドロスは強制と恐怖という武器を用いなければならなくなった。すなわち、王宮の焼き打ちは、ペルシア人が征服者の側につかなければ、偉大な帝国の時代は過去のものとなってしまうことを、彼らに知らしめるものであったのである。

だからといって、あらためてダレイオスに向かって進軍した時点で、アレクサンドロスが、イラン人貴族を自分にひきつけるという目論見を捨ててしまったわけではなかった。それどころか、その反対であった。征服者と征服された住民との関係についての研究は、なかなか複雑である。すなわち、社会、地域、年代についての微妙な差異を確定しなければならないからである。つまり、アジアはひとつではないのである。アケメネス朝の秩序を支持する者たちはすべて、アレクサンドロスに対するイデオロギー的な抵抗を見せなかった。経済的・社会的な力を保持しつづけたい特権的なペルシア人貴族階級は、多かれ少なかれ、速やかにアレクサンドロスに賛同することとなった。東部イラン（バクトリアとソグディアナ）においても、同じであった。多くの有力者たちは、以前の帝国の社会構造の上にそっくりトレースされた新しい帝国の構造のなかで、自分たちの特権的な地位を維持しようとして降伏した。

それゆえ、ペルセポリス炎上は、アレクサンドロスのイデオロギー的な戦略のなかにおいて、暴力的かつ決定的な転換点をなしているのではない。前三三〇年七月のベッソスとその仲間によるダレイオス三世の殺害は、アレクサンドロスがアケメネス朝をまねてその宮廷儀式から多くを取り入れたまさしくそのときに起きたわけだが、マケドニア側の宣伝にとっては思いがけない幸運であった。これ以後、アレクサンドロスは、ダレイオスの仇を討ち、かつ、彼を継承する者となる。そのダレイオスの遺骸を、アレクサンドロスは、盛大にペルセポリスに護送させた。この戦争は、このマケドニア人がベッソスに対して行なうことを断言した、まさしくアケメネス朝の復讐戦争であった。ある説に従うならば、ベッソスは反乱者にして大王殺しとしてあつかわれており、彼は、エクバタナでペルシア人とメディア人との会議に告発され、この地で殺害されたという。平凡な紋切り型宣伝文書の表現をはるかに超えて、アレクサンドロスは、新たなアケメネス王として姿を現わし、側近にイラン人貴族層を集めようとしていたように見受けられる。この貴族層が、つねに、大王の帝国の脊柱部分を構成していたのである。

2 行政および軍隊へのイラン人の登用

すでに見たように、前三三四年夏、サルデイスに入城したとき（一〇九頁）、アレクサンドロスは、このような意向を明らかにしていた。しかし、このときには、ペルシア人ミトレネスは、帝国行政のなかで、高位の官職を得ることはできなかった。高官職は、ギリシア人やマケドニア人のものであった。バビロン入城（前三三一年十月）は、まちがいなく重要な転換点であった。なぜなら、初めてアレクサンドロスは、味方につけたペルシア人貴族（マザイオス）に、新たに征服したバビロニア管区をゆだねたからである。これ以後、かつての支配階級を代表する者たちが、スサやペルセポリス、そしてイラン高原の総督管区に、多数任命された。前三三一年から前三二七年にかけて征服されて編成された十二の管区のうち、アラコシアというたった一つの管区だけが、マケドニア人メネスの担当とされた。その他のすべての管区は、少なくとも初めから、イラン人の総督に任された。(8)

こうしたやり方で、アレクサンドロスは、現実に対するすぐれた感覚を示したのである。彼は、自分に敬意を表わしにきたペルシア人行政官たちに「地方行政官職」をあたえた。このために、何人かのペルシア人総督は、ときには一時的ではあっても、彼を支持したのである。こうして、スシアナ管区にはアブリテスとオクサトレス、カルマニア管区にはアスタスペス、タプロイ＝マルドイ人のところにはアウトフラダテス、アレイア＝ドランギアナにはサティバルザネスが任命され、その他の者たちも元の管区に迅速に呼び集められた。さらに、前三二八／七年にはメディアにアトロパテス、前三三〇年以後にはパルティア＝ヒュルカニアにフラタフェルネスが戻った。それゆえ、アレクサンドロスの側から、以前の行政を継続させるという多大の配慮がなされたのであった。

王がイラン人総督の忠誠を確保しておくために、あらゆる注意をおこたらなかったことも同時に強調しておくべきである。まずなによりも、彼らのうち何人かは、すでに何年間も王の側近になっていた者たちであった。前三三一年にアルメニア総督に任命された（もっともこの地を支配する権力はもっていなかったが）ミトレネスの場合が、これにあたる。彼は、前三三四年夏に、サルデイスの城塞をアレクサンドロスに引き渡して以来、彼に随行していた。同様に、前三三〇年に、ごく短期間、パルティア＝ヒュルカニアの管区に任命されたアンミナペスは、かつてアルタクセルクセス三世オコスの治世にはフィリッポス二世の宮廷に亡命し、その後（前三三二年）、エジプトをアレクサンドロスに引き渡した。前三三〇／二九年にパラパミサダイ人の管区に任命されたプロエクセスと、その後継者テュリエスペスの場合も、同様である。テュリエスペスが解任されたとき、この管区は、アレクサンドロスの義父オクシュアルテスにゆだねられた。ある意味では彼の娘ロクサネが、忠誠を保証した形である。バクトリアの総督アルタバゾス（前三二九／八年）も、前三五二年に、フィリッポス二世の宮廷に逃れてきたことがあった。したがって、アレクサンドロスは、素性のわからぬ者に総督管区をまかせたわけではなかった。

他方、軍事的な権限はこれらの総督にはなかった（アラコシアのメノンだけは例外である。まちがいなく、この人物はマケドニア人であったから）。すでにエジプトでは、すべての軍事的な官職にマケドニア人が任命されていた。各管区には、占領軍の指揮権を与えられたマケドニア人の将軍、あるいは長官がいた。すなわち、メディアにはパルメニオンがおり（前三三〇年）、彼のあとはクレアンドロス、シタルケス、ヘラコンと続き、スシアナにはアルケラオスが、パルティア＝ヒュルカニアにはトレポレモスがいたのである。重要な砦の指揮権や財宝の管理権《ガゾフュラキエス》も、マケドニア人たちにゆだねられた。

最終的には、征服が拡がるのに応じて、イラン人総督の数が減ることはなかった。アレイアでは謀反を起こした総督サティバルザネスの次にアルサケスが任命され、ついでギリシア人スタサノルに代えられた。このギリシア人は、その上、前三二八年に総督アウトフラダテスが離反を企てたタプロイ＝マルドイ人の管区も引き受けた。バクトリアでは、年老いたアルタバゾスが、スピタメネス麾下《きか》のゲリラによって引き起こされた状況に立ち向かえないと判断されて、前三二八／七年に、マケドニア人のアミュンタスに総督職をゆずらねばならなかった。ついにアレクサンドロスがインドへ出発するとき、戦略的に最も重要な総督管区は、直接的（バクトリア、ソグディアナ、アラコシア）もしくは間接的（メディア、パラパミサダイ）に、マケドニア人であれイラン人であれ、忠誠に疑いのない者にまかされたのであった。

イラン人兵士の軍隊への登録も、同じく実利的な観点から実行され、同じような用意周到さを示している。イラン東部で戦われた戦争やゲリラ活動のために、アレクサンドロスは、敵の武器や敵の戦法を速やかに採用せざるをえなかった。このため、たとえば、歩兵の弓隊や騎兵の弓隊を創設した。これらの部隊は、インド遠征のさいに大いに役立った。さらに、マケドニア兵やギリシア人傭兵が継続して増員されたにもかかわらず、彼は歩兵と騎兵の増員を必要としていた。[9]そこで彼は、ソグディアナとバクトリアでとても評判の高い騎兵隊を徴兵した。ただし、インドから帰還するまで、この騎兵がマケドニア軍に統合されなかったことは明確にしておかなければならない。この部隊は、補助軍として仕えた。マケドニア騎兵は、特権も、勝利をおさめた軍という独占的な名声も、失うことはなかった。

イラン人の若者三万名を東方の総督管区で徴集させるという決定を下したのは、やはり、インドへと出発する前、おそらくバクトリアにおいてである。彼らはギリシア語を学ばなければならず、また、マケドニア風に訓練された。クィントゥス＝クルティウス（第Ⅷ巻五章一節）によれば、イラン人の若者たちは、アレクサンドロスの掌中にある人質と考えられていたにちがいない。短期的な展望に関しては、分析が有効なのはごく一部だけである。インドへ出発する前には、かなり長きにわたって占領している総督管区を、確実に平穏にしておこうと王は望んでいた。中長期的な展望に関しては、アレクサンドロスの考えは、かなり内容豊かであった。すなわち、新たな軍隊を創設することが重要であり、この新軍は、何年かのちに密集部隊に統合される予定であった。

3 結婚と植民地化

この時期から、アレクサンドロスは、もっと奥地まで進もうとした。この段階で、最も目をひく行ないは、ペルシア人貴族オクシュアルテスの娘ロクサネとの結婚であった。このオクシュアルテスは、「ソグディアナの岩場」の抵抗戦を指揮したばかりであった（前三二七年春）。アレクサンドロスの意図は何だったのだろうか。この王が美しい王女に惹きつけられて「一目惚れ」をしたとしても（ターンは倫理的理由からこれを否定しているが）、古代の著作家は、この結婚が明確に政治的な性質を帯びていたことを明らかにしている。そのうえ、王の多くの随行者たちは、この王の行ないを模倣したのであった。ロクサネとの結婚は、ペルシアおよびイランの貴族層との緊密な政治的協力という点で、はっきりと決定的な段階を表わしていたのである。さらに、義父オクシュアルテスは、パラパミサダイの総督に任命された。この結婚は、地方の特権階層に対しては当然のことながら、王が長く継続的かつ積極的に関与する証拠として受け止められるようになり、そうなるとすぐさま、イラン人貴族層を王に引き寄せることになったのである。

しかし同時に、彼は、一部のマケドニア貴族の激しい反発を買ってしまった。にもかかわらず、結婚式のやり方からは、アレクサンドロスがイラン人貴族に同化するつもりのないことがわかる。事実、よく言われることとは逆に、このとき採用されたのは、イラン風の儀式ではなくマケドニア風の儀式であった[10]。この選択には次のような意味がある。すなわち、これはマケドニア人の個性を失わせたのではなくて、イラン人に対して、マケドニア方式を適用したのである。三万名のイラン人を徴集した方法（マケドニア方式で訓練し、ギリシア語を習わせた）も、同じ範疇に属している。

同じくこの時期に、植民地化および都市化政策が始められ、積極的に進められた。この政策は、その後、きわめて大規模に行なわれることになる。新たな都市建設は、ほとんどいつも、マケドニア人の退役兵、およびギリシア人傭兵や、現地人を混ぜ合わせて、住民として住まわせたのであった。アッリアノスによると、こうしたグループは、すべて本人たちの希望によったという。しかしながら、エジプトのアレクサンドリアやティグリス河畔のアレクサンドリア、あるいはガザ（フェニキア）におけるように、伝統ある自分たちの村落から無理やり引き離されて志願させられた地域住民については、当然ながら、疑いが残ると言えよう。ヤクサルテス河畔のアレクサンドリアでは、これらの現地人は、アレクサンドロスによって買い取られた（！）戦争捕虜だったのである。それゆえ、彼らには明らかに選択の余地はなかった。マケドニア人についても、多くの場合、同様であった。かくして前三二〇年、「命令不服従の大隊」からやってきた兵士たちは、遠方の守備隊に追いやられた。つまり、アレクサンドロスは、彼らの意向など一顧だにしなかったと言ってよい。結局のところ、ギリシア人傭兵たちが反発したことで、彼らが初めから自発的に行動したのでなかったことがはっきりとわかる。すなわち、アレクサンドロスがインドにいて不在だったときに、反乱が数多く勃発しているのである。帰還時にとった方法にもかかわらず、トラブルが続出した。前三二三年、王の死後も、これらを鎮圧するために軍隊を送る必要すら生じた。この遠征は、武器を取った何千というギリシア人の全滅をもって終結した。別のギリシア人傭兵の反乱が、アレクサンドロスの出発直後のインドで、同じようにして起こった。

アレクサンドロスによる植民地化の方法は、イソクラテスの望んだところと、かなりずれてしまっている。イソクラテスが窮乏したギリシア人を入植させるための植民市を建設するように提案したとき、彼は、小アジアを想定していたのであって、東方の総督管区を考えていたのではなかった。もしギリシア人入植者が蜂起したのならば、それはヒュファシス川やオピスのマケドニア人兵士にならって、「故国の風俗習慣や生活様式を懐かしみ、また帝国の果てまで追いやられたことが身にしみてわかったからであった(11)」。他方、ギリシア的な意味における植民市建設は、籤《くじ》による土地の分配と、ギリシア風の内政組織（決議機関としての民会、役人の選出など）が前提とされていた。ところが、すでに見てきたように、アレクサンドロスが造った大部分の都市は、言葉の厳密な意味における都市ではなかった。要するに、古代の史料は、ギリシア人があらゆる融和という政策に激しく反対していることを証明している。だが、たとえアレクサンドロスの目的が、本質的に軍事的な次元のものであったとしても、これら植民市の建設によって、ヨーロッパ人とアジア人とが融合へと向かうようになったことに変わりはない。というのは、ヨーロッパ人は、必ずしもつねにヨーロッパの女性を連れてはこなかったからである。このことは、東部イランの植民市で顕著であった。こうした「融合」は、完全に混血した新しい住民を「生み出した」にちがいない。派遣部隊とアジア人女性とのあいだの融合もまたしかり、である。彼らがマケドニアへ向けて出発したときに（前三二三年）、退役兵たちは、アジアに何千という子供たちを残していった。この子供たちを、王は、「マケドニア風に」育て、武装させると約束した。この例は、先の例と同じように、「融和」の限界を示している。融和というよりは「同化」と言ったほうがよいであろう。同化は、勝者と敗者とのあいだの境界を完全に消滅させることはないのである。さらに、アレクサンドロスが政策の実施にあたって、ギリシア人とマケドニア人のあいだで出くわした抵抗勢力もあったのである。

4 マケドニアの王権と個人の王権——マケドニア人の抵抗

まさしくこの同じ時期に、「大惨事」と呼ばれる三つの事件が起こった（前三三〇年〜前三二七年）。これらのおかげで、一部の主なマケドニア人貴族が、アレクサンドロスのやり方に反対していたことが明らかになった。すなわち、フィロタスの裁判と処刑（前三三〇年秋）、クレイトスの殺害（前三二八／七年冬）、跪拝礼の採用とカッリステネスの逮捕（前三二七年）である。これらの悲劇的な事件の意味をよく理解するためには、数年来すでにマケドニア人に非常に不愉快な思いをさせていたアレクサンドロス主導の政策を、いくつか思い起こしてみればよい。

アレクサンドロスのやり方を、最初に目にすることのできるのは、エジプトである。彼はこの国で、シウァのオアシスにあった有名なアモンの神祠の神官の託宣を受けに行くことを決意した。困難をきわめたこの旅行は、古代の著作家たちによって、神々の奇跡的なとりなしがあったと強調されている。つまり、乾きに苦しんでいた一行の上に奇跡的に雨が降ったとか、砂漠で道に迷ったアレクサンドロスは二羽のカラスの導きでオアシスへと導かれた、などのたぐいである。神祠に着くと、王は、神官たちに迎えられた。彼は、大神官によって、「聖所の中の聖所」にたったひとりで連れていかれた。だからひとりの目撃者もおらず、王と神との「会見」について報告することはできないのである。捏造された相矛盾する話しか伝わっておらず、これらのなかから正しいものを選別するのは、きわめて困難である。本物かどうかが大いに疑わしい母親宛てのある書簡のなかで、アレクサンドロスは、神が、自分の血統は神聖なるものだと認めてくれたと告げている。その後に出回った多数のテクスト（史料）は、アレクサンドロスが、母オリュンピアスとヘビのかたちを装ったアモン神との交わりから生まれたとか、オリュンピアスとファラオたるネクタネボスとの恋愛から生まれたと断言していた。

アレクサンドロスのこうしたやり方と、彼が自身で施した解釈には、三重の動機があったようだ。すなわち、アレクサンドロスは、ギリシアの都市に向かってあるパフォーマンスをしたのである。これらの都市では、スパルタがマケドニアに対する憎悪を煽っていた。実際、ギリシアでは、アモンはゼウスと同列に置かれ、シウァの神祠はギリシアではたいそう有名だったからである。また、この旅行は、エジプト人を意識した数々のパフォーマンスのひとつでもあった。だが、反面、アレクサンドロスが、このとき、ギリシア人にも、ましてやマケドニア人にも、みずからを神と認めさせるのを望んだと証明するものは何もない。それでもやはり、マケドニア人たちは、このようなやり方を遺憾に思い、皮肉と不機嫌とが入り交じった気持ちをいだいていた。ヒュファシス川（前三二六年）とオピス（前三二四年）での反乱のさいに、兵士たちは、王の父上たるアモン神とともに遠征を続ければよろしかろうと、アレクサンドロスに勧めたのだった！　同時に、アレクサンドロスのやり方には宗教的なところがあった。ヨーロッパを発《た》つ前にはデルフォイの神託を受けている。それゆえ、アモンの託宣が彼を支持したことは、「世界帝国」を支配するという彼の野望に、全面的な自信を与えることになったということも、ありうるのである。

他方、古代の著作家たちはすべて、アレクサンドロスがますますペルシア的な慣習を採用するなかで、前三三〇年以来、彼の人間性が変化したことに人びとが気づいていたと述べている。古代の人びとが「東方的な柔弱化」の証拠だと考えたものは、王が、イラン人貴族層から尊敬をかち得ようとする必要性によって明確に説明されている。古代の著作家は、ペルシア風の儀式用衣装が採用されたことに、大いに驚いた。アレクサンドロスは、例外的な場合にしかこの衣装を身にまとわなかったけれども、彼の率先的な行動はマケドニア人によって非難された。

このような状況下にあって[12]、最初の事件、すなわちフィロタスの裁判が起こったのである。パルメニオンの息子であるこの重要人物は、この遠征の最初から、騎兵隊の総指揮官であった。前三三〇年、ドランギアナの都で、彼は、王の生命をねらう陰謀を煽動したとして告発された。この事件は、王とその側近（そのなかではフィロタスの個人的なライヴァルであったクラテロスが重要な役割を果たしていた）によって審理された。ついで、アレクサンドロスは、マケドニアの法に従って兵員会を召集した。高官の裏切りに関する裁判は、王によって審理されるべきであるが、マケドニア国内では民会によって、国外では兵員会によって裁かれるべきであるとされていたからである。この劇的な法廷において、フィロタスは、才知をつくして、自己弁護に努めた。会議後に、王は、「自白させるために」フィロタスに拷問を加えた。翌日、二度目の会議で死刑が宣告され、ただちに、彼は投石の刑に処せられたのである。

この事件はわかりにくく、錯綜している。しかしながら、古代の史料を冷静に読むと、フィロタスは、告発されるもととなった陰謀の罪を、まったく犯していなかったと考えざるをえない。とくに、クィントゥス＝クルティウスは、告発者の弁論に、何の信頼も置いていないことを隠そうともしていない。他の多くの貴族たちと同じように、フィロタスは、アレクサンドロスがアケメネス朝の衣装を採用したのには明らかに反対であった。しかしながら、王にとって、このことは、フィロタスに執念ぶかく敵対する真の原因だったのではなく、多分に口実であったようである。実際には、王は、自分に対して必ずしも熱烈な支持を表明してこなかった一つの家系を取り除こうとしたのである(13)。それゆえ、演説のなかで、フィリッポスの死後に姿を現わした王位継承権主張者たちと同じだ、とフィロタスを断じたのである。

反対者を取り除くか、あるいは言うことを聞かせるために、アレクサンドロスが選んだ時期は重要である。このときまで、彼は、パルメニオンの口出しを受け入れるのに相当耐えていた。パルメニオンは、前三三一年に、ダレイオスの〔講和の〕申し出を喜んで受け入れるようにと王に進言していたし、前三三〇年には、ペルセポリスを破壊しないようにとも忠告していたのである。前三三〇年以来、アレクサンドロスは、「古きマケドニア的」要素に違和感をいだいていた。彼は、ヘファイスティオンやクラテロス、ペルディッカスのように、自分の権威に異議をとなえない側近だけを率いて、遠征を続けようとした。その一方で、〔エクバタナに駐在していた〕パルメニオンは、メディアにわざわざ派遣された刺客によって殺害された。この事例では、王は、軍法会議の判決にすら頼らなかった。この乱暴なアレクサンドロスのふるまいは、これ以後、もはやいかなる反対にも自分は我慢できないのだ、という彼の考えをよく示している。他方、ほとんど歩兵だけからなる軍隊の集会を召集したことは、マケドニア人の支持がますますぐらついてきたときに、彼の側近の団結を保証することとなった。

ソグディアナでの勝利ののち、前三二八／七年の冬営のさい、マラカンダで開かれた酒宴のさなかに、アレクサンドロスと彼の古くからの仲間である、通称「色黒の」と呼ばれたクレイトスとのあいだに、激しい口論が起こった。クレイトスは王の親友であった。彼は王の乳母の弟であり、つねに王のかたわらで戦った。フィロタスの死後、彼は、ヘファイスティオンとともに、騎兵隊の指揮権にあずかっていた。しかし、アレクサンドロスは、怒ってあまりにも激昂したので、クレイトスを槍で一撃のもとに刺し殺してしまった。

酒宴のさなかにクレイトスがアレクサンドロスへと投げつけた非難から歴然とわかることは、フィロタスの処刑とパルメニオンの暗殺は、国王の権力が独裁的になってしまうことに対するマケドニア人貴族（の少なくとも一部）の反発をつぶしてしまったというより、むしろ隠蔽してしまったのだ、ということである。エウリピデスの悲劇作品の一節を引用しながら、クレイトスは、アレクサンドロスが、マケドニア人の勝利を彼ひとりの勝利として考えていること、そして父王フィリッポスとその将軍たちの役割を、王が意図的に忘れていることを痛烈に非難した。クレイトスは、パルメニオンの思い出をあえて擁護さえしたのであった。ここには、個人的な権力に対する非難が見られる。このことは、都市の指導者層に属するギリシア人著作家によって書かれた同種のテクストにも見られる。すなわち、勝利はすべての都市によって、つまりすべてのマケドニア人によって勝ち取られたのだ。そして、栄誉は総司令官ひとりだけに帰せられるものではないのだ、と。古代の著作家によると、フィロタスが私的に話していたことを、クレイトスは、この場で公的に表現したのである。また、クレイトスは、マケドニアの王権は個人に属するのではなく、契約に基づく王権[14]なのだという、マケドニアの伝統的な姿をも擁護したのであった。国王は、民会による歓呼の声をもって、王位につくことになっていた。マケドニア人は、唯一人（大王）の意思に従っていた蛮族（ペルシア人）とは対照的に、自由な民であろうとした。マケドニア人との関係においては、アレクサンドロスも、いくつかの習慣を尊重しなければならなかった。彼は、専制的な命令によるのではなく、説得によって支配をしなければならなかった。国王との関係においては、マケドニア人は「言論の平等《イセーゴリア》」をもつ権利があった。要するに、クレイトスは、アレクサンドロスがますます東洋的で専制君主的な態度をとり、マケドニアの習慣をないがしろにするようになった、と激しく非難したのである。さらに彼は、アレクサンドロスが味方につけたイラン人貴族に示した好意のしるしにも反対した。クレイトスには、アレクサンドロスが「奴隷や蛮族」を食卓に招くことも我慢ならなかった。アレクサンドロスとクレイトスとのあいだの意見の衝突は、それぞれの個人的性格をも表わしている。すなわち、クレイトスは、グラニコス河畔でアレクサンドロスの生命を助けたことを、王にわざわざ思い出させようとしたのではなかったか。他方、酒宴の参加者たちは、酔っ払っていたようである。クレイトスの死で酔いの醒めたアレクサンドロスは、自分のしでかした暴力的な行為を後悔した。とはいえ、こうした事件の経過によって、本質的な面を見落としてはならない。それは、ますますマケドニア人の王らしくなくなっていくアレクサンドロスに対して、マケドニア人貴族の抵抗がやまなかったということである。

最後の事件、すなわち「跪拝礼」に関する事件は、アレクサンドロスとロクサネの婚礼ののちしばらくして、前三二七年にバクトラで起こった。今度は、アリストテレスの甥のカッリステネスが抵抗した。このときまで、彼は、アレクサンドロスに最も傾倒した側近のひとりだったのだけれども。強調しておかなければならないのは、マケドニア人が低く身をかがめてあいさつしなければいけないと考えていたことを、カッリステネスは、ギリシア人なので、身をかがめないで表現したことである。

つまりこのとき、アレクサンドロスは、「ペルシア人のように、すべてのマケドニア人も大地にひれ伏してアレクサンドロスを称えつつ、敬意を表さなければならないと命じた」のである。クィントゥス＝クルティウスによると、これはギリシア人の宮廷人によって王に勧められたとのことである。事実は、アッリアノスも記しているように、アレクサンドロスはこの方式を決定するのに誰の助言も必要とはしなかった。いずれ見るように、この方式は、古代の著作家が与えているような意味を、そもそももってはいなかったのである。現代の多くの研究者は、アレクサンドロスが、自分が神の子であることを、この「跪拝礼」で認めさせようとしたという証拠を、ここに見た。神の子たることは、前三三一年に、シウァのオアシスでアモン神の託宣によって「認められていた」。だが、実のところ、J・P・V・D・ボールスドンが正しく指摘したように[15]、この解釈はまったくまちがっている。ペルシア人の間では、ひざまずくこと（跪拝）もしくは手振りをそえて上体をかがめることは、目上の人に対する服従を示す、ごく日常のしるしであった。ペルセポリスの浮き彫りは、大王に対して尊敬の念を表わすこの方式をよく描いている。このとき、ペルシア人は、大王が神聖であるとはまったく認めてはいなかった。なぜならば、大王は神とは考えられていなかったからである。大王は、アフラ＝マズダ神の地上における代理人にすぎなかった。アレクサンドロスを取りまいているペルシア人の側近にとって、王が自分たちに要求していることは、何ら例外的な性質のものではなかった。ペルシア人側近は皆、それまでペルシア大王に対して行なっていた臣従の誓いを、当然のようにアレクサンドロスに対して行なった。これにひきかえ、ギリシア人（当然この話をわれわれに語っている著作家も）やマケドニア人は、カッリステネスがきわめてはっきりと示したように、これらをまったく違うふうにとらえた。彼らは、このしきたりを、まさしく目に見える「東洋的な隷従」の姿と考えたようである。小アジアのギリシア人は、ペルシア人高官の前で「跪拝礼」を行なわなければならないという屈辱を、すでに味わっていた。ペルシア大王に対してすべての者がこの方式で敬意を表さなければならないために、ギリシア人の使節がペルシアの宮廷を訪問したときに起きた儀典上の問題が、ここであらためて生じることとなった。カッリステネスは、マケドニア人の高官たちの同意を得て、神々だけに対してなされるべきこの臣従の誓いに応じるのを拒否したのである。彼は、こうすることで、クレイトスが行なったように、アレクサンドロスはマケドニア人の「慣習法《ノモス》」を冒しているのだと強調した。このノモスによると、マケドニア人との関係において、王たちは、「武力によるのではなく、ノモスによって」統治しなければならないのである。(16) 王は許さなかった。彼は、謎めいていかがわしい「近習の陰謀」が暴露されたのを利用し、カッリステネスがこれに加担したことにして、濡れ衣を着せたのである。カッリステネスは捕らえられ、何年ものあいだ鎖につながれ、おそらくインドで、アレクサンドロスの命令によって磔の刑に処された。

〔アリストテレスが創始した〕逍遥学派のひとりであるカッリステネスの仇を討つため、アレクサンドロスに敵対的な古代の伝承がこの学派によってでっちあげられ広められたが、それとは逆にアレクサンドロスが自分の権力に神権政治的な基礎を確立しようとした証拠は、どこにもない。実際、前三二七年におけるアレクサンドロスの目的は、できるかぎり多くのイラン人を宮廷や行政に参加させることであった。すでに多くのバクトリア人やソグディアナ人の貴族が、集まってきていた。しかし、アレクサンドロスは、マケドニア人もイラン人も、こうした仲間すべてが、自分の前では同等に置かれるべきだと考えていた。そこで、臣従の誓いの儀式がバクトラで行なわれた。マケドニア人の拒絶反応は、公然と表明されたり沈黙のままだったりしたが、こうした拒絶は理屈によるものではなかった。すなわち、彼らは、相変わらずイラン人を被征服民と見ており、そのように彼らを取りあつかおうとしたのである。アレクサンドロスは賢明かつ慎重に、この儀礼には固執しないことにした。現実には、「跪拝礼」はもはやマケドニア人に要求されなかったようである。

このエピソードは、アレクサンドロスの実利主義《プラグマティズム》を証明している。すぐにかっとなる横暴な性格ではあったが、それでも王は、個人的にも、でなければ公的にも、自分の判断ミスを認めようとはしなかった。他方、インドに達したときには、マケドニア人貴族と公然と絶縁してしまうという状況をつくりだすのは望まなかった。しかし、この事件は、アレクサンドロスが試みた政策が、異様なまでの困難をともなっていたことも物語っている。なぜならば、まったく異なった二つの文化に源をもつイラン人とマケドニア人とは、王の指示に対して、まったく正反対に対応したからである。インドへの共同の軍事遠征のために、イラン人貴族とマケドニア人貴族とが互いによく知り合い、おそらく互いを認め合いさえするだろうと、アレクサンドロスは期待をしていたのである。

Ⅱ 大計画（前三二五年〜前三二三年）

1 インドからの帰還

インド遠征からの帰還にさいして、アレクサンドロスは地方貴族層との協力政策を再開し、いっそう強力に進めることにした。総督たちを驚愕させたそのやり方は、この方向に沿っていた。クレアンドロス、シタルケス、ヘラコンという、メディア地方の将軍たちが処刑されたのは、彼らが特権的神官層や貴族層の富を奪ったからであった。しかしながら、罪を犯した総督たちに対してとられた手段は、すぐに逆説的な結果をもたらしたことに注目しておこう。なぜなら、前三二三年には、もはや三人のイラン人総督しかいなかったからである。すなわち、メディアにアトロパテス、パルティアにフラタフェルネス、パラパミサダイにアレクサンドロスの義父オクシュアルテスである。

同時に、アレクサンドロスは、総督のいなくなった総督管区に、マケドニアとイランの政治的な協力体制をつくる意欲と能力があると思われた人物を置こうとした。その好例が、インド遠征中に重要な役割を果たしたペウケスタスである。この人物は、マッロイ人の都市を攻囲したとき（前三二六／五年）、王の生命を救いさえしたのであった。このため、彼は、黄金の冠と側近護衛官という称号とを賜ったのである。帰還にあたって、アレクサンドロスは、彼をきわめて重要なペルシスの総督に任命した。なぜなら、ペウケスタスは、まさしくイラン風の生活様式を採用しており、「蛮族」と衝突する危険がなかったからである。「彼はペルシスの総督に任命されるとすぐに、全マケドニア人のなかでただひとりメディア風の衣装を採用し、ペルシア語を習い、あらゆる分野でペルシアの習慣をとりいれた。このためアレクサンドロスは、彼を称讃し、ペルシア人は、自分たちの習慣がペウケスタス自身の故国の習慣よりも好まれるのを見て満足した(17)」。アレクサンドロスは、この姿勢のなかに、「すべての点で服属した民族を護《まも》る(18)」唯一の方法を見たのである。しかし、ペウケスタスの事例は例外的であり、他のマケドニア人の将軍たちの反感を買ったことをアッリアノスと同様に強調しておく必要がある。これらの将軍は、敗者［イラン人］と協力して統治にあたるつもりはなかった。だが、まさしくインド遠征こそ、勝者という栄光をイラン人にもたらしたのではなかっただろうか。

2　スサでの結婚式（前三二四年二月）

イラン系貴族を自分に仕えさせ、マケドニア人にその思想を受け入れさせるという、二重の必要性がアレクサンドロスにあったことを思えば、前三二四年の初めにスサで行なわれた壮大な儀式の意味が理解されるであろう。実際、この年に、アレクサンドロスは、ロクサネを離婚することなく、アケメネス朝の二人の王女、ダレイオス三世の娘スタテイラ、およびアルタクセルクセス三世オコスの娘パリュサティスと、結婚している。同時に、彼の親友へファイスティオンは、スタテイラの姉妹ドリュペティスを娶《めと》っている。「なぜならば、アレクサンドロスは、子どもたちが自分の甥と姪になることを望んだからである」。最終的に、王は八〇人の朋友たちに、イラン人貴族の娘と結婚するように「勧め」た。婚礼は、前代未聞の豪奢な式をもってとり行なわれた。そのありさまは、侍従長であったミテュレネ出身のギリシア人カレスによって記録された。この結婚式は、ペルシア風の謁見殿を模して建てられた巨大な天幕のもとで、ペルシア風の儀式にのっとって挙げられた。花嫁たちひとりひとりには、アレクサンドロスから充分な祝い金が贈られた。

この壮大な見世物は、アレクサンドロスとソグディアナの王女ロクサネとのあいだで前三二七年に結ばれた結婚に続くものであり、同時に、それを凌駕するものであった。スサの結婚式によって、王が過去の敵とともに統治にあたる必要性が認められたのであった。多くの女性は、スタテイラのように、まず、アケメネス朝の家系のなかから選ばれた。他の女性たちは、アレクサンドロスに刃向かった貴族の娘であった。セレウコスと結婚したアパメの父スピタメネスがそうであるし、アルタバゾスやアトロパテスのように、彼らに加担した者たちの娘もいた。それゆえ、これらの婚礼は、まさしく統治の協定をなすものであった。もちろん、イラン人貴族も、アレクサンドロスを自分たちの王と認めたのである。

アケメネス朝の王女たちとの結びつきによって、伝統あるアケメネス王国との協調のうちに、権力が委譲されたのである。同時に、アレクサンドロスは、マケドニア人の貴族に、自分の考えを受け入れるよう強制した。ヘファイスティオンやペウケスタスのような例外はあるが、いかなる古代の史料も、王の率先的行動が、マケドニア人に多大の熱狂を引き起こしたとは伝えていない。しかしながら、彼の後継者たちは、この政策をすぐにはやめなかった。セレウコスは、イラン人の妻アパメをかたわらに置きつづけたし、古くからのアレクサンドロスの朋友たちの多くは、地方の指導者との協調政策を追求したのであった[19]。

3 マケドニア・イラン混成軍、オピスでの騒擾

これと平行して、アレクサンドロスは、マケドニア・イラン混成軍を創るという目標を粘り強く追求していた。本格的に取り組んだのは、インドからの帰還時にさかのぼる[20]。ヒュファシス川のほとりでマケドニア兵が反抗したことで、同国人の支持だけでは広大な計画を遂行することはできないだろうということを、アレクサンドロスは明確に悟ったのであった。

改革は、スサでの婚礼の日とほぼ同じときに、騎兵隊で始まった。補助軍としてインドで戦っていたイラン人騎兵たちが、ヘタイロイ騎兵隊に編入された。さらに、新たな第五騎兵部隊が創設された。この部隊は大部分がイラン人騎兵で構成され、もはや「蛮族式」の投げ槍ではなくて、マケドニア式の槍で武装し、バクトリア貴族のヒュスタスペスによって指揮されていた。その将校たちのなかには、洗練

された生え抜きのイラン人貴族がおり、彼らはスサでの婚姻によって、マケドニア貴族の義理の兄弟にもなったのである。結婚と軍事というふたつの手段が、両国の貴族層の融合を実現するために、結びつけられたのである。

混成密集部隊《ファランクス》をつくったことにより、多くの対立が生じた。スサに、「後継ぎ《エピゴノイ》」と名づけられた三万名のイラン人の若者が到着した。すでに述べたように、彼らは、前三二七年にアレクサンドロスが徴兵した者たちであった。新たな密集部隊に彼らを編入することは、ペウケスタスが二万名のイラン人から成る新部隊を王のもとに連れてきたあとになって、ようやく前三二三年にバビロンで実現した。編入がこれほど遅れたのは、アレクサンドロスが、マケドニア兵の密集部隊の隊列で出くわした反感のせいであった。イラン人の若者たちは、何か月間も、完全に独立した密集部隊を構成していた。この部隊は、マケドニア人部隊をモデルにしてつくられていたが、ペルシア人によって指揮されていたのである。

ティグリス川のほとりにあるオピスの町で、騒擾事件が起こった（前三二四年夏）。それは、アレクサンドロスが負傷や高齢のためこれ以上従軍できない者を、復員のために、かなりの特別手当をほどこしてマケドニアに送り返すと自軍に通達したときのことであった。マケドニア人兵士たちは、この通達を、アレクサンドロスが、これ以後もはや、自分たちの軍務を必要とせず、軍務に精通していることを王に証明したばかりのイラン人兵士だけをあてにしているのだ、と受け取った。実際、すでに見たように、たとえマケドニア人がマケドニアに帰還したいと願っていたとしても、彼らは、王とともに全員そろって帰国したいと考えていた。それゆえ、退役兵と負傷兵の送還は、王が、「今後ずっとアジアに王国の中心を置こうとしている」証拠だと思われたのである。すなわち、王が前三二六年に故国帰還の道をとるように命令したのは、彼らを騙した証拠だと受け取られたのであった。アレクサンドロスは煽動者たちを処刑させたのち、自分のまわりに兵士たちを集め、彼らがフィリッポス二世や自分のおかげで得た恩恵のすべてを数え上げた。兵士からは何の反応もなかった。

翌日以降、アレクサンドロスは、兵士たちにいっさい近づこうとしなかった。そればかりか、彼は、自分の幕舎にこもり、マケドニア人が入ってくるのを拒みながら、イラン人には特別の好意を示した。彼は、オリエント人兵士の集会を召集したが、この集会には、マケドニア人は参加する権利をもっていなかった。彼はまた、町の外に駐屯していたイラン軍に指揮官を任命した。この指揮官は、マケドニア軍に軍事的に対抗しようとしているかのようであった。彼は、イラン人兵士にペゼタイロイ（重装歩兵部隊につけられた美称）の名を許したが、このことは、彼らをマケドニア人とまったく同等に置くことを意味した。また、イラン人は、アゲーマという歩兵親衛隊にも組み込まれた。アレクサンドロスの目的は、これからはもうマケドニア人なしですませられるのだ、ということをマケドニア人にわからせることにあった。この心理的な脅迫は、予想通りの効果をあげた。何日かのち、マケドニア人兵士は、武器をもたずに王の前に現われ、王に儀礼のキスをすることを――ペルシア人に対して許可したように――自分たちにも許可してくれと、へりくだって願い出た。アレクサンドロスは、これを受け入れ、許可を公式に認めるため、彼らを「同胞たち」と呼んだ。アレクサンドロスのやり方は何と巧みであったことか。数日前にマケドニア人が頑強に拒否していたことを、マケドニア人に受け入れさせることに成功したのであった。実際、これ以後、王は何でもできるようになった。退役兵の出発は、平穏のうちに行なわれた。王は、彼らがアジアに残していく子どもたちを育て、マケドニア風に訓練して、一人前の兵士にすることを約束した。同時に、マケドニアから増援軍を新たに送ってこさせるよう、アンティパトロスに命じた。新たな密集部隊の再編は、前三二三年に、バビロンで行なわれた。各マケドニア部隊の小隊は、マケドニア風の武装をした四名のマケドニア人と、弓と投げ槍とを備えた一二名のペルシア人から成る「一〇人隊」であった。だが、指揮はマケドニア人がとった。

かくて、二年間（前三二四〜前三二三年）で、アレクサンドロスは、まったく新しい編成の軍を足下に置くことに成功した。その軍には、マケドニア人とイラン人とがしっかりと混在していた。短期的には、このような新軍のおかげで、彼は、新たな征服という計画の結果を楽観的に予想しうることになった。というのは、マケドニア本国が絶え間ない徴兵に疲弊していることを、知らなくはなかったからである。長期的には、ひとつになった帝国の中心に領土を集めることや、混成軍の中心にイラン人とマケドニア人とが協力体制をとっていることは、彼の企てを追求するにあたって最良の保証となるはずであった。

4　オピスでの宴会

アレクサンドロスは、マケドニア＝イランの協力以上のことを望んだのだろうか。さらに「普遍的な友愛関係」を促進しようとしたのだろうか。これこそ、オピスの騒擾事件のときに、王によって捧げられた犠牲の話を根拠にして、W・W・ターンが主張していることである[21]。

「ついで、アレクサンドロスは、自分が犠牲を捧げる習慣になっていた神々に犠牲を捧げ、軍の公費で祝宴を張るよう命じた。彼が座を占めたまわりにマケドニア人が座り、そのまわりにペルシア人が、つづいて名誉や何らかの価値のために代表となった他の民族の者たちが座った。王と、王を取り巻く人びとは同じひとつの混酒器からブドウ酒を酌み、同じ灌奠《かんてん》の儀式を行なった。他方、ギリシア人占い師とペルシア人マゴス僧とが祈りを捧げた。このときアレクサンドロスは幸福たることを神々に祈ったが、とりわけ帝国支配にあたってマケドニア人とペルシア人とのホモノイア（調和）とコイノーニア（協力）とを祈ったのであった(22)」。

W・W・ターンは、このテクストから、アレクサンドロスは、「近代史における最も偉大な革命のひとつの先駆者」、すなわち「人類の友愛あるいは人間性の統合」の先駆者であるとした。つまり、アレクサンドロスは、この土地のすべての民族を人類の友愛というひとつの精神のもとに統合しようとしており、彼の考えでは、すべての民族は臣下としてではなく、帝国の統治に組み入れられなければならなかったのである。

キリストを先取りするかのような、アレクサンドロスに関するこのようなイメージは、現実には、どちらかといえば、テクストの吟味からではなく、ターンの個人的な考えから生まれている。E・ベイディアンが正しく指摘したように、オピスの祝宴は、このような解釈に耐ええない(23)。王の周囲にはマケドニア人しかおらず、彼らだけが、王とブドウ酒をひとつの混酒器から分け合っていた。和解の儀式は、何よりもまず、当事者たるアレクサンドロスと、マケドニア人とのためにもたれた。両者は決裂したばかりで、何日間か鋭く対立していたのであった。他方、普遍的な友愛は、まったく問題にもならなかった。反対に、権力内部におけるマケドニア人とペルシア人との協力は、明らかに制限されていた。結局のところ、オピスの祝宴が象徴するものは、アレクサンドロスの政治のふたつの軸をくっきりと目立たせることになったのである。すなわち、征服の成果を確固とするためにイラン人の有力者を頼みにすることと、王のかたわらの選ばれた地位をマケドニア的な要素のために残しておくことである。これ以後、統治者と被統治者との境界は、征服者と被征服者との境界と同じように、もはや存在しなくなった。民族的な区別というよりは、社会的な区別がされるようになったのである。すでにアケメネス朝帝国の時代に指導的なエリートとなっていた人びとだけが協力を、それゆえ、統治することを要請された。このような構想が、ギリシア人と蛮族との対立という、ギリシアの伝統的な思想を彼がのりこえることができたということを示しているならば、そのことはまた、彼の驚くべき政治的な叡知と征服の成果を永遠なものにしたいという彼の意志をも示していると言えよう。

5　アレクサンドロスの神格化という問題

帝国を一体化させるための配慮のなかで、アレクサンドロスは、「ヨーロッパのギリシア系都市に拡がった帝国祭祀」を推進しようとしたのだろうか。このことは、多くの学者（とくにUl・ヴィルケンやW・W・ターン）が認めている。

アレクサンドロスをかたどった彫像を調べると、英雄にも等しい、さもなくば神々にも似た超人の姿をゆきわたらせたいという王の意志が、明らかになる。実際、アレクサンドロスは、宣伝の役目を負った公的な芸術家をかたわらに置いていた。すなわち、彫刻家のリュシッポスや画家のアペッレス、金銀細工師のピュルゴテレスである。アレクサンドロスは、目を空へ向けた姿でよく表わされる。プルタルコスはこの姿のもつ意味を説いている。それはゼウスと対話をするかのように、天を仰ぐのだということである。「(ゼウスは) オリュンポスを治められよ、して余には大地を預け給え」。しだいに、芸術家たちは彼の頭を、東方起源の王のしるしである頭飾り《ディアデーマ》をつけて表現するようになった。この変化は、とくに貨幣上の肖像に、はっきりと見られる。これはおそらく、ピュルゴテレスによって創られた型によって彫られたのであろう。芸術家は、ライオンの頭皮をかぶったヘラクレスのすがたをよく造った。このような頭像はきわめて個性的であったので、この像に、英雄の目鼻立ちをもったアレクサンドロスを認めるのは容易だったのである。こうした貨幣が帝国全体にゆきわたったので、アレクサンドロスとヘラクレスとの同一視は、ギリシア系都市においてさえ、ますます事実として受け入れられた。

他方、彼の親友ヘファイスティオンの死にさいして(前三二四年十月)、アレクサンドロスは、使いの者を、エジプトのアモン神の託宣を受けに遣わした。それは、故人に、神としての名誉を捧げるのがよいかどうかを伺わせるためであった。アモン神は、ヘファイスティオンは神としてではなく、英雄として祭られるべきである、と「答えた」。すぐにアレクサンドロスは、エジプト総督のクレオメネスに命じて、〔エジプトの〕アレクサンドリアと〔そのすぐ沖合にある〕ファロス島に、この新しい英雄のための神殿を建てさせた。ヘファイスティオンという英雄崇拝は速やかに広がり、ギリシア系都市にも広まった。しかし、半神格化された栄誉が、ヘファイスティオンとアレクサンドロス（彼はのちにヘファイスティオンの陪神と考えられた）とに合わせて与えられたことを確実に示す証拠は、アテネにしかない。

多くの著作家によれば、前三二四／三年に、アレクサンドロスは、あらゆるところでみずからの神格を公に認めるよう望んだらしく、帝国全域に自分の崇拝を押しつける手段をとったようである。彼は、前三二四年に、追放者帰還のための告示と、ギリシア系都市で王に神の栄誉を与えるようにという命令とを、オリュンピアでニカノールに命じて、二つ同時に宣言させた。この解釈は、ずっとのちの逸話からとられており、これに信を置くのは危険である。言われていることは、小アジアの多くのギリシア系都市が彼を崇拝しており、これ自体は何ら異常なことではなかったことである。レスボス島のエレソスは、先に前三三六／五年、マケドニアに征服されたとき、ゼウス・フィリッペイオンに祭壇を建てなかったのだろうか。ヨーロッパのギリシア系都市に関しては、証拠はあやしげで、しかも矛盾している。そこからわれわれは、アテネで、熱のこもった討論が、彼の支持者（デマデスと、いくつか留保条件つきでデモステネス）と反対者（リュクルゴスと、ヒュペレイデス）とのあいだに起こったこと、そしてデマデスが神々を汚すと考えられた勅令を公表して有罪とされたことを知ることができる。アッリアノスが、前三二三年、バビロンに現われたギリシア人使節に与えたテオーロイ（神事使節）という名称は、それが用いられた文脈のなかでは、それ以上、何も証明しない。神王という考え方は、ペルシア人の目に異質なものであったので、帝国の祭祀を設立することは、前三二三年には、とりわけ都合が悪かったことを、付け加えておかなければならない[24]。

前三二三年、アレクサンドロスの権力基盤は、帝国のさまざまな領域において、まことに多様であった。彼は、マケドニア人の王であると同時に、テッサリア同盟の執政官《アルコン》であり、コリントス同盟の指導者《ヘーゲモーン》にしてアジアのギリシア系都市の「解放者」かつ「再建者」、エジプトではファラオ[25]、バビロニアでは「世界の四地域の国王」であった。他方、大王の称号を採用しないとしても、彼はアケメネス王国から多くを受け継いでおり、多数のペルシア人は、彼をアケメネス朝の後継者と考えていたと思われる。曖昧で中立的な内容の唯一の称号が、あらゆる地域で彼に認められた。それは、「アレクサンドロス王」という称号で、ギリシア系都市で出された多種の貨幣や布告に記されている。ペルシア人の支持を遠ざけかねない「帝国の祭祀」をつくりあげるより、アレクサンドロスは、協調政策を実施推進するほうを選んだ。前三二五年から行なわれたやり方は、めざましく、この協調政策を推し進めたのである。

終章　不安定な事業継承

前三二三年六月の時点で、アレクサンドロスの行なった事業の総まとめをするのは難しいし、したとしても、わざとらしいものになってしまう。だが、ある明白な事実を思い起こすことができる。それは、このマケドニア人の作戦が、中東や中央アジアに、ギリシア人の入植の道を開いたということである。それは、彼の後継者たちによって積極的に行なわれた都市の建設は、ギリシア文化の拡大を可能にした。それは、民族的というよりもむしろ、地理的な拡大であった。この点で、アレクサンドロスは、政治的に並はずれた意義をもっていたことを強調しておくべきであろう。伝統的な支配階級と同盟すれば、中東の支配は永続的になることが、彼にはよくわかっていた。彼の宗教政策の奥底にある深い意味は、このようなものであった。すなわち、その政策は、アケメネス朝の大王の権力と、貴族の社会的な優位性との土台であるイデオロギー的な基盤を、自分のために復活させることであった。だが同時に、マケドニアの征服によっても、生産関係と生産様式には、何の変化も生じなかった。征服者は、東方帝国の伝統的な経済基盤を、同じように用いたからである。紀元前一千年紀の中東の歴史のなかに置いてみると、アレクサンドロスは、「アケメネス朝の王のなかの最後のひとり」として現われたのである。

しかし、前三二三年の時点で、アレクサンドロスの事業は、壊れやすく不安定なままであった。帝国内には不満がうずまいていた。ヨーロッパでは、ギリシア系都市が、前三三八年以来のマケドニアによる支配の軛《くびき》のもとで、追放者の帰還に関する告示（前三二四年）に深い衝撃を受けていた。アテネでは、デモステネスとレオステネスのひそかな指導のもとに、すべての都市に反乱を広げることをめざして、何か月も準備がほどこされていた。アジアでは、多くの地域が依然として言うことを聞かないままであった。カッパドキアでは、アリアラテス王朝がひきつづき兵力を集め、戦費をたくわえていた。インドは、すでにマケドニア人にとっては実質的に失われた状態であった。また、王の死で、アラビアへの遠征準備は、完全に中止されてしまったことを付け加えなければならない。

征服者たちの陣営内部ですら、緊張と不和が明らかであった。マケドニア人の将校は、わずかの例外はあったが、アレクサンドロスが考えているような融合政策には何の魅力も感じていなかった。バクトリアのギリシア人傭兵は、「蛮族の真っただなかに移住させられる」のを、いつも嫌がっていた。マケドニア人の兵卒は、故郷帰還を、切に願っていた。最終的には、前三二三年に、アレクサンドロスは自分にふさわしく、なおかつマケドニアの王権に課された巨大な務めを果たすことができるだけの後継者を、残すことができなかった。前三三五／四年、アレクサンドロスに最も近い助言者は、危険の多い遠征行に出発する前に妻を娶り、子どもをつくるように強く勧めたが、無駄であった。前三二三年六月の時点では、現存するアルゲアダイ家［マケドニア王家］の唯一の男性は、アレクサンドロスの異母兄弟アッリダイオスであったが、不幸なことに彼は、不治の精神疾患に冒されていた。ロクサネは妊娠していた。だが、多くのマケドニア人は、イラン人の女性から生まれた子どもに後を継がせようとは思わなかった。原因はどうあれ、摂政を任命するという問題が起こるはずであった。したがって、アレクサンドロスのおもだった将軍たちは、権力を奪うために、お互いに戦う覚悟を決めたのである。

原注

序章

（1）史料が極度に乏しいため、この逸話には史料解釈上の疑問が数多く出されている。フレンチとディクソンによる『古代世界』誌の論文を参照のこと。V.French et P.Dixon, *Ancient World*, XIII /3-4, 1986, p.73-86.

（2）カーネイによる有益な学説回顧を参照のこと（E.Carney, "The Politics of Polygamy: Olympias, Alexander and the Murder of Philipp", *Historia* 41/2, 1992, p.169-189）。ヴェルイーナ（古代のアイガイ）における多くの墓地の発見によって、議論が再び投げかけられている。これらの内のひとつ、第二墳墓が発見者M・アンドロニコスによってフィリッポス二世のものとされたが、これはアレクサンドロスより後の時代に年代づけられるべきであり、ここにはフィリッポス三世アッリダイオスとその妻の遺骸が納められていたにちがいない。以下の論文（《Les chasseurs de Vergina》, *Dialogues d'Histoire ancienne*, 17/1, 1991, p.141-304）を参照せよ。

（3）アレクサンドロスによるこれらの遠征については、N.G.L.Hammond, *Alexander the Great : King, Commander and Statesman*, London, 1981 を参照のこと。次の論文 (N.G.L.Hammond, "A Papyrus Commentary on Alexander's Balkan Campaign", *Greek, Roman and Byzantine Studies*, 28/3 (1987), p.33-347) で、近年新たに発見された文献史料が論じられている。

第一章

（1）ここで採用されている年代はのちに第三章で証明される。カッコのなかの数字は後述の頁である。後述の箇所では、この第一章で言及された出来事の説明と解釈とがなされている。軍事的・地理学的なすべての問題に関しては、以下のザイベルトによるたいへんに詳しい著作（文献表も）を、さしあたり参照されたい。J.Seibert, *Die Eroberung des*

Perserreiches durch Alexander den Grossen auf kartographischer Grundlage, 2 vol., Wiesbaden, 1985. また同じくA.B.Bosworth, *Conquest and Empire*, Oxford, 1988, p.35-173 も参照のこと。

（2）アテネは太陰太陽暦を採用しており、夏至後の最初の新月をもって第一月（ヘカトンバイオーン）とする。これは現在の七月にあたる。一年は十二か月に分けられたが、太陰暦の一年は一太陽年より十一日ほど短く、季節にずれが出るので、何年かに閏月として一か月を余分に挿入し十三か月として調整した。いずれにせよ、古代ギリシアの一年は、現行太陽暦の夏から翌年の夏までとなり、西暦紀元に直すと二か年にわたるのでこのような表記法がとられる〔訳註〕。

（3）テュロスの攻囲についてはA.Abramenko, "Die zwei Seeschlachten vor Tyros. Zu den militärischen Voraussetzungen für die makedonische Eroberung der Inselfestung (332 v.Ch.)", *Klio*, 74, 1992, p.166-172 を必ず参照すること。

（4）ガウガメラ遠征の年代は、最近刊行されたバビロニアの粘土版文書のおかげで確実なものとなった。P.Bernard の *Bulletin de Correspondance Hellénique*, 114, 1990, p.515-528 を参照せよ。

（5）アレクサンドロスの中央アジア遠征の初期においては、年代と地理との両分野にわたっていくつかの問題がある。これらについてはさまざまな解釈がある。A.B.Bosworth, "A Missing Year in the History of Alexander the Great", *Journal of Hellenic Studies*, 101, 1981, p.17-39 および P.Bernard, "Alexandre et Ai-Khanum", *Journal des Savants*, 1982/2, p.125-138 を参照のこと。

第二章

（1）A.Foucher - E.Bazin-Foucher, *La vieille route de l'Inde de Bactres à Taxila*, Paris, 1942, p.190-195.

（2）Cf. K.Kraft, *Der «rationale» Alexander*, 1971, p.69 sq.

（3）「普遍平和」とは、前三八六年にペルシア大王の関与のもとで、自由と自治を共通の基盤としてすべてのギリシア諸ポリスが結んだ平和条約をさす。別名、大王の和約。これ以降何度か更新されたが、前三三八年にフィリッポス二世によって結成されたコリントス同盟も、建前としては「普遍平和」の理念と形式に則っていた〔訳註〕。

（4）イソクラテス『フィリッポスに与う』一二〇。

（5）ユスティヌス『地中海世界史』第XI巻五－一〇（京大学術出版会）およびディオドロス第XVII巻一七章二節。

（6）クセノフォン『キュロスの教育』第VII巻五章七三節。

（7）アッリアノス第I巻一七章一－二節。

（８）E.Bikermann, “Alexandre le Grand et les villes d’Asie”, *R E G*,1934, p.346-374.
（９）アッリアノス第Ｉ巻二七章一－四節。
（10）R.Sealey, “The Origin of the Delian League”, *Stud.Ehrenberg*, 1966, p.233-253.
（11）トゥキュディデス『戦史』第Ｉ巻九六章一節。
（12）F.L.Holt, “The Hyphasis’ Mutiny : A Source Study”, *The Ancient World*,5 (1982), p.33-59 を参照せよ。
（13）アッリアノス第Ⅶ巻一章二節。
（14）これらすべてについては J.-F.Salles, “La circumnavigation de l’Arabie dans l’Antiquité Classique”, in : *L’Arabie et ses mers bordières* («Travaux de la Maison de l’Orient», 16) , Lyon, 1988, p.75-102; *id.*, “Les Achéménides et le golfe arabo-persique”, in : Achaemenid History (éd. H.Sancisi-Weerdenburg and A.Kuhrt), IV, Leiden, 1990, p.11-130; ダレイオスの運河については Ch.Tuplin, “Darius’ Suez Canal and Persian Imperiarism”, in : *Achaemenid History,* (éd. H.Sancisi-Weerdenburg and A.Kuhrt) VI, Leiden, 1991, p.237-283.

第三章

（１）アケメネス王朝の状況に関しては P.Briant, *Histoire de l’Empire perse : De Cyrus à Alexandre,* 1996, chap. 16-18.
（２）F.Rebuffat, “Alexandre le Grand et les problèmes financiers au début de son règne”, *Rev. Num.*, 25 (1983) , p.43-52 を見よ。M.J.Price, *The Coinage in the Name of Alexander the Great and Philipp Arrhidaeus,* Zürich-London, 1991, p.25-27.補給の問題に関しては D.Engels, *Alexander the Great and the Logistics of the Macedonian Army*, Univ.of California Press, 1978 （この本はかなり注意して用いなければならない）。
（３）メムノンと彼の後継者（ファルナバゾスとアウトフラダテス）とによる海上作戦については S.Ruzicka, “War in the Aegean, 333-331 B.C. : a reconsideration”, *Phoenix*, 42/2 (1988), p.131-151 の説明を参照のこと。また P.Briant, *Histoire de l’Empire perse : De Cyrus à Alexandre*, 1996, chap.18.1 も見よ。
（４）R.Cohen, *Hist.Gén.Glotz*, IV-1, 1945, p.74.
（５）P.Briant, *Antigone le Borgne*, 1973, p.53-74.
（６）C.M.Harrison, “Persian Names on Coins of Northern Anatolia”, *Journal of Near-Eastern Studies*, 41 (1982), p.181-194 を参照のこと。

(7) このような歴史叙述に関しては、P.Briant, *Rois,tributs et paysans*, Paris, 1982, p.281-301 を参照のこと。

(8) ディオドロス第XVII巻六章一-二節およびユスティヌス第X巻三章三-六節。

(9) 文書不足で史料のあいだに矛盾があるため、古代の戦闘を復元するのは、ほとんど不可能である。この点は引き続き論議されているが（Hammond, *Historia*, 41/1, 1992, p.395-406を参照せよ）、ガウガメラの戦い以前のダレイオスの戦略全体の再評価は、P.Bernard, “Nouvelle contribution de l’ épigraphie cunéiforme à l’histoire hellénistique. I : La campagne de Gaugamèles et l’entrée d’Alexandre à Babylone (automne 331) ” *Bull.Corr. Hell.*, 114 (1990) のとくに p.515-524 で完璧に行なわれ、これが決定的である。同じく C.Nylander, “Darius III, the Coward King : Points and Counterpoints”, in : *Alexander the Great, Myth and Reality* , Rome, 1993, p.145-159を参照のこと。

(10) グラニコス河畔の戦いにおけるメムノンの実際の立場については、W.J.McCoy, *American Journal of Philology,* 110 （1989）, p.413-433 を見よ。

(11) アッリアノス第I巻一二章一〇節。

(12) ここで論じられているすべての点に関しては、P.Briant, *Histoire de l’Empire perse:De Cyrus à Alexandre*, Paris, 1996 の第一八章第一節を参照のこと。

(13) E.Badian, “Agis III”, *Hermes*, XCV, 1967, p.170 以下。同じく A.B.Bosworth, *Conquest and Empire*, Oxford, 1988, p.198-204.

(14) アエスキネス『クテシフォン反駁』一六五節。

(15) アッリアノス第III巻六章三節。

(16) これらの遠征に関しては、現在では F.L.Holt, *Alexander the Great and Bactria. The Formation of a Greek Frontier in Central Asia*, Leiden, 1988 および P.Bernard の *Journal des Savants*, 1982, p.125-130 ならびに *Studia Iranica*,19/1 （1990）, p.21-38 所収の論文を参照せよ。

(17) P.Briant, *L’Asie centrale et les royaumes proche-orientaux au premier millénaire*, Paris, 1984, p.81-88.

(18) P. Briant, *État et pasteurs au Moyen-Orient ancien*, 1982, p.9-56.

(19) *Ibid.*, p.226-234.

(20) これは A.B.Bosworth, *JHS*, 1981, p.17-39 によって強調された見解であって、正しい。

(21) クルティウス第VII巻六章一七節。

(22) クルティウス第Ⅶ巻九章二二節。
(23) クルティウス第Ⅷ巻五章一節。
(24) ディオドロス第XVII巻九四章。
(25) プルタルコス「アレクサンドロス伝」三八。
(26) クルティウス第Ⅵ巻三章一五－一六節。
(27) クルティウス第Ⅶ巻七章三九節。
(28) マケドニア兵の態度については、P.Briant, *Rois, tributs et paysans*, Paris, 1982, p.73-81 を参照のこと。

第四章

(1) A.B.Bosworth, *Conquest and Empire*, Oxford, 1988, p.229-241 の説明を参照のこと。
(2) A.B.Bosworth, *A Historical Commentary on Arrian's History of Alexander*, I, Oxford, 1980, p.224-225 を参照せよ。コイレー・シリア（窪地シリア）という語句の意味はあいかわらず問題を提起している。
(3) この点について（反対意見であるが）、私の研究論文 "D' Alexandre le Grand aux diadoques : le cas d'Eumène de Kardia", *REA*, LXXIV,1972, p.34-49 (*Rois, tributs et paysans*, 1982, p.15-30) を参照のこと。
(4) クルティウス第Ⅹ巻一章七節およびアッリアノス第Ⅶ巻四章二節。
(5) これらの総督管区については、A.B.Bosworth, "The Indian Satrapies under Alexander the Great", *Antichton* 17,1983, p.37-46 ならびに K.W.Dobbins, "Alexander's Eastern Satrapies", *Persica* 11, 1984, p.73-108 を参照のこと。また W.J.Vogelsang, *The Rise and Organisation of the Achaemenid Empire, The Eastern Evidence*, Leiden, 1992, p.236-241 も参照せよ。
(6) この点については、E.Badian, "Alexander and the Greeks of Asia", *Studies Ehrenberg*, 1966, p.37-69 を参照せよ。なおヒギンズによる批判も。W.Higgins, "Aspects of Alexander's Imperial Administration : Some Modern Methods and Views reviewed", *Athenaeum* 58, 1980, p.129-152.
(7) A.Heisserer, *Alexander and the Greeks. The Epigraphical Evidence*, 1980, および A.B.Bosworth, *Conquest and Empire*, Oxford, 1988, p.187-197 と p.250-258.
(8) ハルパロスは、アレクサンドロスの少年時代からの親友で、東征にも従軍し、バビロンで財政管理の要職に任命された。王がインドへ進軍したのち、バビロンで勝手気ままに豪奢華麗な生活を送っていたが、前三二四年に、王の帰還を知ると、処罰を恐れて公金を横領したうえ、私兵六〇〇〇を連れ、アテネに亡命を求め、アレクサンドロスへの反逆を呼びかけた。アテネ政界の一部にはこれに同調する雰囲気もあって、政治情勢は揺れ動いたが、最終的にアテネは彼の亡命を受け入れなかった〔訳註〕。

（9）P.Briant, "«Brigandage»,conquête et dissidence en Asie achéménide, et hellénistique", *Dialogues d'Histoire ancienne*, II, 1976, p.163-258 (p.194-209) を参照のこと。

（10）Cf. Cl.Préaux, "Les villes hellénistiques", *Recueils Soc. J.-Bodin*, VI, 1954, p.90-93.

（11）P.Briant, *États et pasteurs*, 1982, p.94-112.

（12）エジプトのアレクサンドリアに関して、R.Cavenaile の *L'antiquité classique*, XLI, 1972, p.94-112 を参照のこと。

（13）これは P.Bernard の仮説である。P.Bernard et H.P.Francfort, *Études de géographie historique sur la plaine d'Aï-Khanoum (Afganistan)*, Paris, 1978, p.3-15 を参照のこと。

（14）ディオドロス第XVII巻一一一章六節。すべてポリュビオスにあるとおりで、実際には砦と守備隊とが挙げられており、字義どおりの平地の都市は挙げられていない。

（15）とくに *Histoire de l'hellénisme*, I, trad. fr., Paris, 1883, p.680-692 を参照のこと。

（16）P.Briant, "Impérialismes antiques et idéologie coloniale dans la France contemporaine : Alexandre le Grand modèle colonial (1979)", *Rois, tributs et paysans* (1982), p.281-292.

（17）P.Briant, "Communautés de base et économie royale en Asie achéménide et hellénistique", *Rois, tributs et paysans* (1982), p.405-425.

（18）P.Briant, "Colonisation hellénistique et populations indigènes. La phase d'installation", *Klio* (1978), *Rois, tributs et paysans*, p.227-279.

（19）V.Martin, "La politique des Achéménides. L'exploration prélude de la conquète", *Museum Helveticum*, XXII, 1965, p.38-48.

（20）P.Briant,"Alexandre et les *katarraktes* du Tigre", *Mélanges Labrousse*, Toulouse, 1986.

（21）アッリアノス第VII巻一九章六節。

（22）ヘロドトス第IV巻四四章。

（23）この点に関しては、とくに J.-F. Salles, "La circumnavigation de l'Arabie dans l'Antiquité classique", *L'Arabie et ses mers*

bordières («Travaux de la Maison de l'Orient», 16), Lyon, 1988 を参照のこと。
(24)『経済学』伝アリストテレス　第Ⅱ巻一章二節。
(25) さしあたり M.J.Price, *The Coinage in the Name of Alexander the Great and Philipp Arrhidaeus*, Zürich-London, 1991 を参照のこと。
(26) A.R.Bellinger, *Essays on the Coinage of Alexander the Great*, New York, 1963, p.60 以下。
(27) M.Rostovtzeff, *The Social and Economic History of the Hellenistic World*, I, 1941, p.129 以下を参照のこと。

第五章

(1) プルタルコス『倫理論集』三三〇B―C。
(2) アッリアノス第Ⅰ巻一七章四節。ミトレネスとサルデイスにおけるアレクサンドロスの政策に関しては P.Briant, "Les Iraniens d'Asie Mineure après la chute de l'Empire achéménide", *Dialogues d'Histoire ancienne* 11, 1985, p.167-195 ; *Id.*, "Alexandre à Sardes", *Alexander the Great. Myth and Reality*, Rome, 1993, p.1-15 を参照のこと。
(3) P.Briant, "Ethno-classe dominante et populations locales : le cas de l'Egypte", *Achaemenid History* (ed. A.Kuhrt and H.Sancisi-Weerdenburg) , III, Leiden, 1988, p.137-173.
(4) A.Kuhrt et S.Sherwin-White, "Xerxes' Destructions of Babylonian Temples", *Achaemenid History*, II (éd. H. Sancisi-Weerdenburg et A.Kuhrt), Leiden, 1987, p.69-78 ; A.Kuhrt, "Alexander in Babylon", *Achaemenid History*, V (d. H.Sancisi-Weerdenburg et J.W.Drijvers), Leiden, 1990, p.121-130.
(5) P.Bernard, *Bull. Corr. Hell.*, 114,1990, p.525-528, ならびに A.Kuhrt, *loc.cit.*
(6) P.Briant,"Conquête territoriale et stratégie idéologique : Alexandre le Grand et l'idéologie monarchique achéménide", *Rois,tributs et paysans* (1982) p.357-403 に所収。ペルセポリスの事件については、最近、次の研究が出た。 N.G.L. Hammond, "The Archeological and Literary Evidence for the Burning of Persepolis", *Classical Quartery*, 42/2, 1992, p.258-364（この論文は事件の年代にも解釈にも疑念の余地がある）。 H.Sancisi-Weerdenburg, "Alexander and Perspolis", *Alexander the Great. Myth and Reality*,Rome, 1993.
(7) この点については M.Root, The King and Kingship in Achaemenid Art, *Acta Iranica*, IIIe série, vol.IX, Leiden, 1979 を参照のこと。

（8）アレクサンドロスのイラン人に対する政策に関しては、P.Briant, *Rois, tributs et paysns*, Paris, 1982, p.31-54 を参照のこと。同じく A.B.Bosworth, "Alexander and the Iranians", *Journal of Hellenic Studies*, 100, 1980, p.1-21 ならびに J.R.Hamilton, "Alexander and the Iranians", *Festschrift G.Wirth*, I, 1987, p.467-486. また P.Briant, *Histoire de l'Empire perse:De Cyrus à Alexandre*, Paris, 1996, chap.18.2. をも参照のこと。

（9）この問題に関しては、最終的に、A.B.Bosworth, *Conquest and Empire*, Oxford, 1988, p.266-273 を参照のこと。マケドニア人の死傷者数を正確に見積もるのは困難である。分析の違いは、A.B.Bosworth, "Alexander the Great and the Decline of Macedon", *Journal of Hellenic Studies* 106, 1986, p.1-12 および N.G.L.Hammond, "Casualties and Reinforcements of Citizen Soldiers in Greece and Macedonia", *Journal of Hellenic Studies*, 109, 1989, p.56-68.

（10）M.Renard-J.Servais, "A propos du mariage d'Alexandre et de Roxane", *Antiquité classique*, XXIV, 1955, p.29-50.

（11）ディオドロス第XVIII巻七章一節および第XVII巻九九章五－六節。

（12）P.Briant, *Antigone le Borgne*, 1973, p.338-346 を参照のこと。

（13）E.Badian, "The Death of Parmenio", *Transactions and Proceedings of the American Philological Association*, 91, 1960, p.324-338.

（14）マケドニアの諸制度についての問題は、専門家のあいだで意見が分かれている。ある学者は、フィリッポス二世とアレクサンドロスの時代からマケドニア王制は絶対王制になり、そこではマケドニア人の民会は何の役割も果たしてはいないのだ、とまったく逆に考えている。

（15）J.P.V.D.Balsdon, "The «Divinity» of Alexander", *Historia*, 1, 1950, p.363-388. とくにp.371-382.

（16）アッリアノス第IV巻一一章一六節。

（17）アッリアノス第VI巻三〇章二－三節。

（18）ディオドロス第XIX巻一四章五節。

（19）P.Briant, *Rois,tributs et paysans*, Paris, 1982, p.32-54を参照のこと。

（20）これに関しては、私の論文 "D'Alexandre aux diadoques : le cas d'Eumène de Kardia", *REA*, LXXIV, 1972, p.51-58（*Rois,tributs et paysans*, 1982,p.31-39）を参照のこと。同じくA.B.Bosworth, *art. cit.*, p.15-20をも参照せよ。Bosworth はきわめて簡潔な表現でマケドニア人とイラン人の協同政策を小さいとしている。

（21）W.W.Tarn, Brotherhood and Unity, in : *Alexander the Great*, II, 1950, p.399-449.

（22）アッリアノス第Ⅶ巻一一章八－九節。
（23）E.Badian, "Alexander the Great and the Unity of Mankind", *Historia*, 1958, p.425-444.
（24）この難しい問題に関しては、さしあたり E.Badian の *Ancient Macedonian Studies in Honor of Ch.E.Edson*, Thessaloniki（1981）, p.27-71 を参照のこと。
（25）アレクサンドロスが「ファラオ化」したことは今日では疑われている。M.Burstein, "Pharaoh Alexander:a Scholarly Myth", *Ancient Society*, 22 (1991)〈1993〉, p.139-145 を参照のこと。

訳者あとがき

西洋古代史上アレクサンドロス大王ほどスケールの大きい人物はいない。本書で見たとおり、多くの兵を率いて遠くインドにまで軍事遠征を実行に移すのは並大抵のエネルギーではない。このようなアレクサンドロスの征服事業を解明するために、十九世紀以来、幾多の研究が積み重ねられてきた。本書は、そうした研究の先端に位置するフランス人研究者による、一般読者向けの書物である。しかしながら、本書は単なる概説書にとどまらない。概説部分は第一章にまとめられ、中心となっているのはアレクサンドロスの事業についての歴史的な分析である。かつての研究では、アレクサンドロスは「偉大な」ギリシア文明を「野蛮な」東方地域に伝えた文明の使徒と解釈され、彼の遠征行は蛮族に先進文明をもたらした称讃すべきすばらしい事業であると考えられていた。本書でしばしば批判の対象とされているW・W・ターンはそうした研究の代表的人物である。だが、近年の研究においては、そのような思い込みを排し、アレクサンドロスの事業を当時の東方世界をめぐる歴史的な状況のなかに位置づけて考察する方法が主流となっている。本書の著者ピエール・ブリアンは、この新しい流れのなかに位置する第一人者である。

著者ピエール・ブリアンは、一九四〇年、アンジェに生まれ、ポワティエ大学を卒業したのち、リセの歴史地理学の教師を務め、一九六七〜一九七四年トゥール大学、一九七四〜一九九九年トゥールーズ第二大学で古代史学教授を務め、一九九九年以来コレージュ・ド・フランス教授として「アケメネス世界およびアレクサンドロス帝国の歴史と文明」を講じている。本書以外の著作は、以下のとおり。

—— *Antigone le Borgne.* (*Les débuts de sa carrière et les problèmes de l'Assemblée macédoneimme*), Les Belles Lettres, Paris, 1974.（一九七二年ブザンソン大学での学位取得論文がもとになっている）

—— *Rois, tributs et paysans*, Les Belles Lettres, Paris, 1982.

—— *État et pasteurs au Moyen-Orient ancien*, Paris (Maison des Sciences de l'Homme) et Cambridge (Cambridge University Press), 1982.

—— *L'Asie Centrale et les royaumes proche-orientaux du premier millénaire av.n.è.*, Ed.Recherches sur les civilisations, Paris, 1984.

—— *De la Grèce à l'Orient : Alexandre le Grand* (Coll.Découvertes/Histoire), Gallimard, Paris, 1987.（桜井万里子監修　福田素子訳『アレクサンダー大王——未完の世界帝国』創元社、一九九一年）

—— *Darius,les Perses et l'Empire* (Coll.Découvertes/Histoire), Gallimard, Paris, 1992.（小川英雄監修　柴田都志子訳『ペルシア帝国』創元社、一九九六年）

—— *Histoire de l'Empire perse. De Cyrus à Alexandre*, 1247p., Fayard, Paris, 1996.

――(En collaboration), *Le monde grec aux temps classiques I : le Vᵉ siècle*, Coll.Nouvelle Clio, Presses Universitaies de France, Paris, 1995 (sous la direction de P.Briant et P.Lévêque).

このほか学術研究誌に発表した論文や書評などは二〇〇〇年までに一〇三点を数えており、文字通りヘレニズム時代史、アケメネス朝ペルシア史研究の第一人者である。

日本における本格的なアレクサンドロス研究は、一九五〇年代に井上一、六〇年代に粟野頼之祐、大牟田章、金澤良樹の四氏によって着手された。そののち、粟野氏が亡くなり、金澤氏がプトレマイオス朝エジプト史に転じ、井上氏はどちらかというとマケドニア王国と王権の研究を進めるなかで、七〇年代から八〇年代にかけてアレクサンドロスを中心にすえた研究を担ったのが大牟田氏である。一連の学術論文と啓蒙的な書物以外に、同氏は次の著作を公にしている。

『アレクサンドロス大王――世界をめざした巨大な情念』（清水書院、一九七六年）。

翻訳『フラウィオス・アッリアノス――アレクサンドロス東征記およびインド誌』本文篇・註釈篇全二巻（東海大学出版会、一九九六年）。

『アレクサンドロス大王東征記付インド誌』上下（岩波文庫、二〇〇一年）。

前者は、わずかの翻訳をのぞけば、アレクサンドロス大王に関する本邦初の著作であり、また後者二点はアレクサンドロスに関する主要史料であるアッリアノスの全訳である。いずれも学界に裨益するところまことに大きいものがある。わたくし自身も折にふれてこの三著作を参照し、多大の教えを受けたことを告白する。とりわけアッリアノスの訳書は、本文篇はもちろんのこと、註釈篇には主要な欧米の研究書が網羅的に参照・引用されたうえで大牟田氏の考察が述べられており、すこぶる利用価値が高い。ただし、本訳書で引用されているアッリアノスの翻訳は、大牟田氏の邦訳を参考にしつつ、著者ブリアンの引用する仏語訳を尊重して訳出した。ちなみに、この二巻本は、ギリシア語テクストを併記した対訳になっているため大部にして高価である。原典テクストを省き、訳註を縮約精選した岩波文庫版もあるので、一般的にはこちらが便利であろう。

一九九〇年代になって、新たに、気鋭の若手研究者の業績が発表されるようになった。澤田典子と森谷公俊の両氏である。澤田氏はどちらかというとフィリッポス二世とアレクサンドロスの時代のアテネ――マケドニアの外交関係を中心に研究をすすめているが、森谷氏はまさしくアレクサンドロス大王の治世そのものに焦点をあてて考察を加えている。同氏の以下の三著作にも、本書の訳出過程において大いに教えられるところが多かった。

森谷公俊『王妃オリュンピアス――アレクサンドロス大王の母』（ちくま新書、一九九八年）。
同『王宮炎上――アレクサンドロス大王とペルセポリス』（吉川弘文館、二〇〇〇年）。
同『アレクサンドロス大王――「世界征服者」の虚像と実像』（講談社選書メチエ、二〇〇〇年）。

この三著作ともに、研究書の体裁はとっていないが、いずれも単なる概説書ではなく、テーマごとの学説検討をふまえて歴史的な分析を試みた質の高い著作である。なお、三著作とも巻末には欧米の研究を中心とした文献表が付されているので、さらに研究を進めたいと思われる読者のよい案内となるであろう。このほかの研究案内書としては、伊藤貞夫／本村凌二編『西洋古代史研究入門』（東京大学出版会、一九九七年）の一一二～一二七頁の解説と二七五～二七九頁の参考文献表とを参照していただきたい。

本書の刊行までには多くの方々のご助力を賜りました。とくに帝京大学助教授森谷公俊氏は翻訳原稿をていねいに読んでくださり、専門家の立場から貴重な助言を惜しまれませんでした。とくに記して感謝の意を表するものです。もちろんのことながら、なお残った誤謬はすべて訳者の責任です。ローザンヌ大学大学院生の岡田泰介氏はP・ブリアンの著作をわたくしに送って下さいました。また白水社編集部に訳者を紹介してくださったのは、いまは亡き土岐正策名古屋外国語大学教授でした。同氏のご冥福を心よりお祈り申し上げます。最後に、白水社編集部の和久田頼男氏には、本書刊行まで多大なお世話をいただきました。あらためて感謝いたします。

二〇〇二年十二月

訳 者 識

参考文献

I　歴史史料

Arrien, *Anabase* (trad.franç., P.Saviel, Ed.de Minuit, 1981)

Arrien, *Inde* (trad.franç., P.Chantraine, Collection des Universités de France, Les Belles Lettres, Paris, 1927).〔いずれも大牟田章氏による翻訳がある．訳者あとがきを参照のこと〕.

Quinte-Curce, *Histoire d'Alexandre* (trad.franç., H.Bardon, CUF, Les Belles Lettres, I-II, Paris, 1961).

Diodore de Sicile, *Bibliothèque historique*, liv.XVII (trad.franç., P.Goukowsky, CUF, Les Belles Lettres, 1976).

Plutarque, *Vie d'Alexandre* (trad.franç., R.Flacelière-E.Chambry, CUF, Les Belles Lettres, 1975).〔井上一訳「アレクサンドロス」村川堅太郎編『プルタルコス英雄伝』中，ちくま学芸文庫所収〕.

散逸してしまった著作家の断片は英語に翻訳されている．

Ch.A.Robinson Jr., *The History of Alexander the Great,* I, 1953.

碑文史料は，A.J.Heisserer, *Alexander the Great and the Greeks. The Epigraphical Evidence*, Norman, 1980.

碑文史料の仏訳は，J.-M. Bertrand, *Inscriptions historiques grecques*, Paris, 1992, p.127-141.

古銭学に関しては，A.R.Bellinger, *Essays on the Coinage of Alexander the Great*, New York, 1967 および M.J.Price, *The Coinage in the Name of Alexander and Philipp Arrhidaeus,* I-II, Zurich-London, 1991.

楔形文字史料は，P.Bernard, *Bulletin de Correspondance Hellénique*, 114, 1990, p.513-528 および A.Kuhrt の *Achaemenid History*, V, Leiden, 1991, p.121-130.

図像学については，T.Hölscher, *Griechische Historienbildeer des 5. und 4. Jahrhunderts v.Chr.*, Würzburg, 1973, p.112-198, 218-223.

II　歴史史料に関する註釈および研究

A.B.Bosworth, *A Historical Commentary on Arrian's History of Alexander*, I, Oxford, 1980.

Id., From Arrian to Alexander, Oxford, 1988.

L.Pearson, *The Lost Histories of Alexander the Great,* New York/London, 1960.

P.Pedech, *Historiens compagnons d'Alexandre*, Paris, 1984.

P.Vidal-Naquet, "Flavius Arrien entre deux mondes", *Arrien, Histoire d'Alexandre,* Paris, Ed. de Minuit, 1984, p.309-394.

A.T.Atkinson, *A Commentary on Q.Curtius Rufus' Historiae Alexandri Magni, Books 3 and 4*, Amsterdam, 1980.

J.R.Hamilton, *Plutarch, Alexander. A Commentary*, Oxford, 1969.

III　研究史

N.J.Burich, *Alexander the Great. A Bibliography*, 1970（利用しにくい).

J.Seibert, *Alexander der Grosse*, Darmstadt, 1972（本文は短いが，文献表は網羅的で，分類され，かつ批評が加えられている).

IV　問題の整理状況

R.Andreotti, *Historia*, 1 (1950), p.583-600.

Id ., *Historia,* 5 (1956), p.257-302.

Id., *Saeculum*,8 (1957), p.120-161.

F.Hampl, *La Nouvelle Clio,* 6 (1954), p.91-136.

E.Badian, *The Classical World*, 65 (1971), p.37-56 および p.77-83.

Id ., *Alexandre le Grand. Image et réalité,* Genève, 1976, p.279-303.

P.Goukowsky, *Revue des Études Grecques*, 96 (1983), p.225-241.

J.Carlsen, "Alexander the Great (1970-1990)", *Alexander the Great. Myth and Reality*, Rome (1993), p.41-52.

V　総合的な研究

H.Berve, *Das Alexanderreich auf prosopographischer Grundlage*, I-II, München, 1926（第二巻はアレクサンドロスの歴史と関わりをもったすべての人物についての註釈を含む).

Ul.Wilken, *Alexandre le Grand,* Paris,Payot, 1952(trad. franç.)

P.Green, *Alexander of Macedon*, London, 1974.

E.Badian, "Alexander the Great in Iran", *Cambridge History of Iran,* II, 1985, p.420-501.

A.B.Bosworth, *Conquest and Empire. The Reign of Alexander the Great,* Oxford, 1988.

P.Briant, *Rois,tributs et paysans,* Paris, 1982.

J.Seibert, *Die Eroberung des Perserreiches durch Alexander den Grossen auf kartographischer Grundlage*, I-II, Wiesbaden, 1985.

VI　特殊研究（巻末の原注にあげた文献・論文をも参照のこと）

G.T.Griffith (ed.), *Alexander the Great. The Main Problems*, Cambridge, 1966（論文集）

Greece and Rome, XII, 1965 特別号

F.Altheim, *Alexandre et l'Asie. Histoire d'un legs spirituel*, Paris,Payot, 1954 (trad.franç.)

S.K.Eddy, *The King is Dead. Studies in the Near Eastern Resistance to Hellenism (334-31 BC),* Lincoln, 1961.

E.Badian（以下の学術雑誌に論文多数）*Historia,* 1958 ; *Historia*, 1960 ; *Journal of Hellenic Studies*, 1961 ; *Phoenix*, 1963 ; *Greece and Rome*, 1965 など.

P.Högemann, *Alexander der Grosse und Arabien*, München, 1985.

Alexandre le Grand. Image et réalité (entretiens sur l'Antiquité classique,XXII), Genève,Vandoeuvres, 1976.

P.Faure, *La vie quotidienne des armées d'Alexandre*, Paris,Hachette, 1982.

Alexander the Great. Myth and Reality, Rome, 1993.

P.Briant, *Histoire de l'Empire perse. De Cyrus à Alexandre*, Paris,Fayard, 1996, chap.16-18.

訳者略歴
一九四七年生
一九七七～一九七九年パリ第一大学第三課程留学
一九八二年早稲田大学大学院後期（博士）課程満期退学
西洋古代史専攻
千葉大学教育学部教授
主要著書
『ヨーロッパの反乱と革命』（共著）山川出版社、一九九二年
『概説　西洋社会史』（共著）有斐閣　一九九四年
『躍動する古代ローマ世界』（共編）理想社、二〇〇二年
『西洋古代史料集』第二版（共訳）東京大学出版会、二〇〇二年

アレクサンドロス大王

二〇〇三年一月二〇日 印刷
二〇〇三年二月一〇日 発行

訳者 © 田《た》村《むら》孝《たかし》
発行者 川村雅之
発行所 株式会社 白水社

東京都千代田区神田小川町三の二四
電話 営業部 〇三（三二九一）七八一一
編集部 〇三（三二九一）七八二一
振替 〇〇一九〇-五-三三二二八
郵便番号 一〇一-〇〇五二
http://www.hakusuisha.co.jp
乱丁・落丁本は、送料小社負担にてお取り替えいたします。

平河工業社

ISBN 4-560-05859-8

Printed in Japan

Q 哲学・心理学・宗教